聞き書き・関東大震災

森まゆみ

AKISHOBO

献辞

この本を一〇〇年前の震災で命を落とし、
あるいはいわれなく命を奪われた方々に捧げ、
事実を銘記する。

聞き書き・関東大震災　目次

第8章　今までの災害に学ぶこと

左ページ上／「本郷及小石川区之部」明治三六年。
主に本郷区。藍染町、須賀町、駒込千駄木、駒込林町、
駒込動坂町などが見える

右ページ下／「本郷及小石川区之部」明治三六年。
こちらは砲兵工廠をはじめ、真砂町、弓町が載る

左ページ下／「大日本職業別明細図」の「浅草下谷
区」の部分、昭和九年。上野公園周辺と日暮里まで

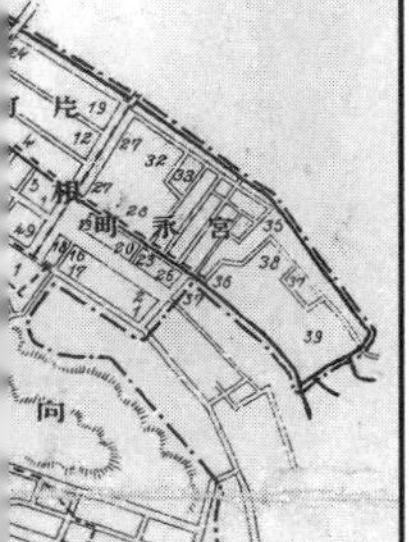

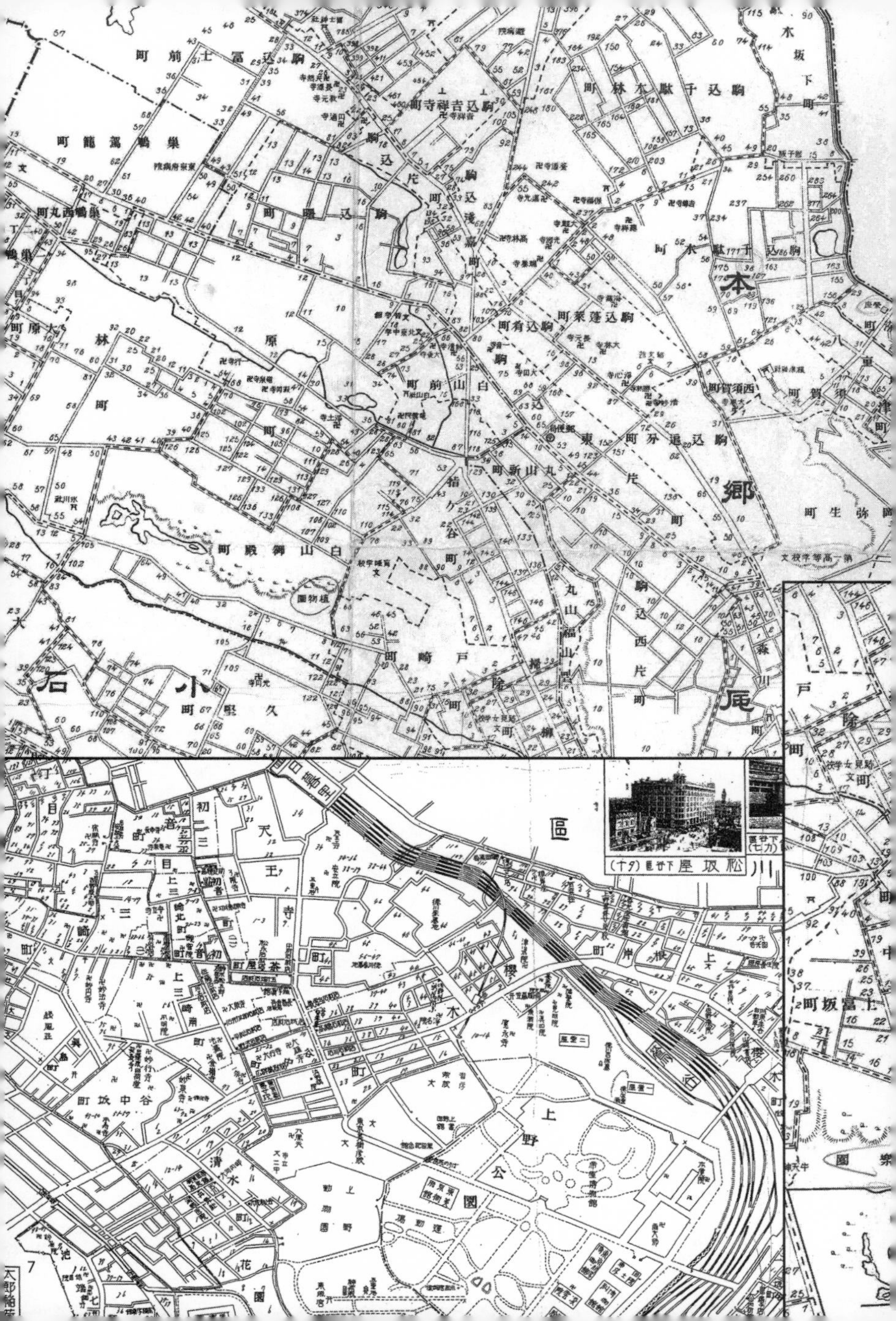
駒込富士前町
巣鴨町
駒込吉祥寺町
駒込千駄木町
駒込林町
本郷
駒込蓬莱町
駒込浅嘉町
白山前町
丸山新町
駒込東片町
駒込追分町
指ヶ谷町
白山御殿町
植物園
小石川
久堅町
戸崎町
駒込西片町
丸山福山町
第一高等学校
弥生町
區
天王寺
櫻木町
上根岸町
谷中坂町
清水町
上野公園
動物園
運動場
帝室博物館
松坂屋

〈凡例〉

話者については、名前、震災に遭遇した場所、生年、家業をできるだけ記した。その際、昭和四〇年代に変わる前の旧町名を優先した。例えば今、谷中は一〜七丁目に分けられ、場所の特定がしにくい。すべて谷中に属する初音三丁目、天王寺町、真島町などはいまも町会名に残り、アパートや、少し前までは銭湯の名などに残っていた。聞き書きをした当初、町の人びとも、旧町名を使っていた。

また、本書は全体として西暦を優先しているが、生年にかぎり、元号を用いた。明治、大正の人々は自分の生まれ年を元号で語ったからである。場所や生年を特定できない場合、複数回登場する場合は省いた。

引用文献は新仮名新漢字を用い、難読漢字は仮名に替え読みやすくした。現在差別的な用語とされるものも、引用ではそのままにした。

＊本文中の写真（二一、三二、四一、八二、一〇五、一一一、一二五、一四五、一五九、一九九、二〇三、二〇七、二二三〈上〉、二三二、二五〇ページ）は東京都立中央図書館蔵、ＴＯＫＹＯアーカイブを利用している。

序言　災害は忘れた頃にやってくる——寺田寅彦

今年（二〇二三年）は関東大震災から一〇〇年に当たる。

一九二三（大正一二）年九月一日午前一一時五八分三二秒にその地震は起こった。震源地は相模湾海底。地震の大きさはマグニチュード7・9といわれている。

関東大地震は、地殻を構成するプレート同士が、接触面で一気にずれ動くことにより生じた地震であって、震源域の近い地震としては元禄16（1703）年の元禄地震（推定マグニチュード8・2）があり、このような巨大地震の発生間隔は200～400年と推定されている。（内閣府「災害教訓の継承に関する専門調査会報告書」二〇〇六年）

揺れは首都東京、横浜、鎌倉、小田原など神奈川県、千葉県など南関東の広範囲に及び、崩壊、地滑り、土石流、地盤の液状化、地割れ、沈下があり、熱海で一二メートル、館山で九メートルの津波も起こった。その後に起こった火災などにより、死者・行方不明者は約一〇万五〇〇〇人とされる。

東京市は当時一五区に分かれ、市の人口はおよそ二四八万人だった。私たちの町、谷中・上野桜木は下谷《したや》区、根津・千駄木は本郷区、日暮里や田端は東京府内ではあるが市外北豊島郡、以下この本では視点を地域と暮らしに置き、そのあたりを中心に見ていくことになる。

まず、この大震災のおよその被害を押さえておこう。

死者　一〇万五三八五人
全潰、全焼、流出家屋　二九万三三八七戸（内閣府、前掲）

関東大震災の場合、いちばん多いのは焼死で、とくに本所区（現在の墨田区）の陸軍被服廠あとに逃げ込んだ人々が三万八〇〇〇人近く亡くなった。家財道具を持ち込んで身動きが取れなくなったところに、火が襲いかかった。風も強く竜巻も起きた。およそ一〇万人の死者のうち四割以上を旧本所区が占める。

一五年ほど前、横網町公園にある東京都慰霊堂（旧震災記念堂）を訪ねたとき、古い棒グラフがあった。各区別の死者を示したものだが、圧倒的に本所区が多かったのに衝撃を受けた。このことから「地震が起きたら手ぶらで逃げろ」が教訓となった。

私たちは一九八四年から、「地域の記憶を記録に変える」雑誌『谷中・根津・千駄木』（『谷根千』）の発行を二〇〇九年まで続けてきた。関東大震災でほとんど焼けなかったこと、そして二二年後のアメリカ軍による空襲でも、焼け残ったところが多いため、私たちの町は建物も位牌も資料も、そして住民も残ったともいえる。大正の大震災前からの建物がこれだけ残っているのは東京でも珍しいことといえるだろう。

そのころ、震災といえばまぎれもなく一九二三年の関東大震災のことを指した。私たちは『谷根千』の二四号（一九九〇年夏）で、「関東大震災に学ぶ」というタイトルの特集をした。その際、掲げたリードは今思えば稚拙だが、次のようなものだ。

戦争は人災である
地震は天災である
戦争は人間の手で防げるが
地震は大自然の営みなのである
大正十二年九月一日の関東大震災

あれから六十七年
当時を知る人も少なくなり
避難訓練もイマイチ気が入らない私たち
技術を過信して高層ビルは次々と立ち
足の下には地下鉄地下街地下駐車場
高速道路には車がいっぱいの東京
万が一、関東大震災クラスの地震が起きると
死者八万〜十五万人
東京圏内の建物の三〇%が焼失
と国土庁は推測している
狼少年になる気はないけれど
前回、谷根千地域は大丈夫だったと
のんびり構えていてもいけません
まずもって歴史に学ぶべし
そして地球の声に耳を傾けるべし
九月一日には家族で「谷根千」を肴に

地震について話しあい
避難経路や持出袋を
点検していただければ幸いです

本書では二四号の特集を中心に、『谷根千』刊行中二六年間に聞いた関東大震災の経験を再編集し、並べ替えてみた。既存の書物からも、現在の台東区、文京区に関する部分は引用させていただいた。名前、震災に遭遇した場所、生年をできるだけ記した。

以下の聞き書きは一九八四年から二〇〇九年の間、私と『谷根千』の仲間、山崎範子、仰木ひろみが行ったものである。地域住民に話を聞きにいくと、震災は第二次大戦の空襲とならぶ彼らの人生における大事件、大きな体験であったから、必ずといってよいほど話に出た。私たちも意識して聞くようにしていた。当時の私たちの経験の足りなさもあり、本書では雑誌掲載時

銀座の数寄屋橋、関東大震災十周年記念塔。北村西望作。標語「不意の地震に不断の用意」は朝日新聞社が全国に懸賞募集して決まった

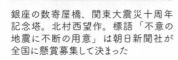

のまちがいを正し、多少文章を補ったところがある。

現在二〇二三年、関東大震災からちょうど一〇〇年。「災害は忘れた頃にやってくる」というのは、地球物理学者寺田寅彦の言葉とされている。書き残してはいないが、ことあるごとに口にしていたと、師事した中谷宇吉郎らが書いている（中谷宇吉郎「天災は忘れた頃来る」『西日本新聞』一九五五年九月一一日）。寺田は本郷区駒込曙町、谷根千の隣町に住んでいた。

第1章

一九二三年九月一日

震災まで

二〇世紀の幕が開けて、一九一四（大正三）年、正月早々、鹿児島の桜島が噴火した。

この年、第一次世界大戦勃発。オーストリアの皇太子夫妻がサラエボで暗殺されたことに端を発したこの戦争は、またたく間にヨーロッパ中に広がる。兵士たちはクリスマスには家に帰れると思っていた。フランスとドイツは塹壕を挟んで膠着戦になり、戦いは長引いた。第一次世界大戦では飛行船、潜水艦、連射銃、毒ガス、戦車など新しい武器が次々登場した。日本は遠い土地で起きる戦争を「欧州大戦」とよんで静観していた。

去年から欧洲では大きな戦争が始まっている。そうしてその戦争がいつ済むとも見当がつかない模様である。日本でもその戦争の一小部分を引き受けた。（夏目漱石「硝子戸の中」一九一五年）

一九一八年、いわゆる「スペイン風邪」が流行し、塹壕にも蔓延する。実はスペインは戦争に参加しなかったため、この流行病を機密扱いせず、最初にニュースになってこの名前がついた。実際にはアメリカ軍のカンザス州の軍事基地から発生し、軍を通じてフランスはブレストの港町などからヨーロッパにも伝播したといわれる。これは日本でも流行し、内地と台湾、韓国などの当時の植民地を含めると七四万人以上の人が亡くなった。

いっぽう、「帝国主義戦争を内乱へ」を旗印にしたレーニン率いるボリシェビキは、一九一七年二月革命で帝政ロシアを倒し、労働者農民国家ソビエトを樹立した。民族自決権を旗印に、チェコスロバキア、ポーランド、ハンガリー、ラトビア、セルビア、クロアチア、スロベニアなどが次々と独立していく。といっても多くはソ連をリーダーとする共産圏に参加した。オーストリアもドイツも帝国が瓦解し共和制に替わった。

日本にもこうした動きが伝わり、米騒動、黎明会、新人会の設立（一九一八年）、平塚らいてう、市川房枝らが新婦人協会を設立（一九一九年）、日本最初のメーデーが上野公園で開催（一九二〇年）、女性社会主義者団体の赤瀾会（一九二一年）、部落解放を求める水平社、第一次共産党（ともに一九二二年）結成など、労働者や女性の権利、差別の撤廃と人権、自由を求める活動が活発化する。

いわゆる「大正デモクラシー」とは、一九一二年の尾崎行雄、犬養毅らの第一次護憲運動を始まりとし、一九一六年の吉野作造「憲政の本義を説いて其有終の美を済すの途を論ず」という、長くて覚えにくいタイトルの論文からを本格化と見るのが一般的だ。『赤い鳥』『金の星』『おとぎの世界』など自由主義の児童雑誌が出版され、詰め込み勉強ではなく、子どもの自主的な成長を見守る自由学園、文化学院なども創立(ともに一九二一年)された。

一九二三(大正一二)年六月、イタリアはシチリアにあるエトナ火山が噴火する。七月には著名な作家、有島武郎が『婦人公論』記者の波多野秋子と軽井沢の別荘で心中して発見され、大きなニュースになった。八月六日には徳島県鳴門市(当時は撫養町)で、四二・五度という異常な高温が記録された。

八月二六日、加藤友三郎内閣が総辞職した。軍人であり、八年近く海軍大臣も務めた首相、加藤友三郎が前々日、在職中に病死したからである。首相としての任期は一年二カ月ほど。外務大臣内田康哉《こうさい》が総理を兼任し、次期首班には山本権兵衛が返り咲くことになり、三一日深夜、組閣の目途がついた。当時、大正天皇はすでに病重く、長男の裕仁(後の昭和天皇)が天皇を補弼《ほひつ》する摂政宮を務めていた。そのようななか、九月一日を迎えた。

その前日……八月三一日。根津を不思議な老人が歩いていたという。

発乗通夫《はつのりみちお》さん（根津須賀町）大正二年生まれ

私は根津須賀町で生れ、根津神社の境内が庭のようなものです。そのころ、所帯道具のナベカマをしょって町を歩く六〇がらみのおじさんがいました。いってみれば浮浪者のような風態ですが、週に一度くらいは見かけます。私が根津学校に通っていた時分、このおじさんに会って「坊や、明日は雨が降るよ」といわれると必ず雨が降りました。そんな予言が必ず当たって、彼を信心していた町の人も多かったのです。権現様にもよく来ましたが、変なんです。お社の方に尻を向けて、太陽に向って拝んでいました。

震災の直前に、そのおじさんは「もうすぐ大地震が来るからみんな気をつけるように　避難するように」と、新聞紙のようなものに書いて町中の電信柱に貼って歩いていたようです。これは私の記憶なので、ほかにこのおじさんのことを知っている方はないかと思っております。（『谷根千』二四号、以下号数のみ記す）

暴風雨は、八月三一日夜半、大阪を通過、進路を北東にとり日本海に抜け、関東地方の天候も荒れ模様だった。一日、風雨も収まり、大空に不気味な入道雲がかかり、妙に明るいが、重苦しい空模様だった。

九月一日、発災当日

九月一日、震災当日の朝、なぜか根津の赤津湯の煙突が倒れた。赤津湯は不忍通りを観音通りに入る入り口、今の根津ふれあい館の所にあり、経営は酒井氏。赤津というのは、ここが昔、徳川綱重邸の「不明《あかず》」の門の場所だからである。

九月一日は、東京は朝の間は驟雨性の雨が降ったのであったが、間もなく晴れて蒸し暑くなり、やがてドン（正午の号砲）も近かろうというときそれこそ俄然として激震が起こったのである。（石田文四郎『大正大事件史』）

午前一一時五八分三二秒、相模湾海底に大地震が発生、マグニチュード7・9。東京、神奈川、千葉が大揺れする。

九月一日は第二学期の始業式で、授業はなく、子どもたちは学校から帰って地震に遭った。長い長い本震のあと、余震が何度かあった。この日は土曜日で、官庁も会社も半ドンで正午で業務を終えることになっていた。家庭ではちょうど昼ご飯の支度中で火を使って

当日の怪雲と猛火

いた。当時都市ガスは普及しはじめたころで、まだ薪や炭やコークスを使っている家も多かった。強風と、ちょうど火を使う時間だったことが、大火事につながった。
「大震災当日はあたかも土曜日で吏員の大部分は退庁帰宅した」（『東京府大正震災誌』）当時の府知事は宇佐美勝夫、東京市長は永田秀次郎。東京市役所でも家族の安否を気遣い、いちはやく帰宅した者が多かったという。

谷中

地震が起きたころ、上野の山続きの寺町〈谷中〉はどうだったか。証言を聞こう。

加藤ふゆさん（谷中）**当時小学生**

　私の家は石安という石屋で、三崎坂にある石六さんの弟子で、父は安吉といいました。関東大震災は谷中尋常小学校の一年生の夏休みが終わって始業式の日でした。大家に帰ったばかりの時、ぐらっときて、とても立っていられないくらいでした。大きな揺れが収まってから、もういちど学校の校庭に避難しました。学校のあったところは元茶畑でしたが、当時は校庭にジャリが敷いてあったと思います。（二二号）

久保田増造さん（**谷中茶屋町**）**大正三年生まれ**

私のうちは三崎坂の上で、尾張屋という屋号でローソクやガラス器を商っておりました。隣は八百屋さん、向かいが大倉屋という酒屋でした。震災当時は谷中小学校の三年生。いつも墓地と五重塔の周りをぐるぐる回って遊んでいましたが、震災の時は、谷中墓地でござを敷いて寝たのを覚えています。（一二号）

ローソクは祖父の代にはハゼの蠟《ろう》から作る手作りのもので、谷中じゅうの寺院や諏方神社にも納めていたという。

江川政太郎さん（**谷中初音町三丁目**）**花屋**

あの日、私は根津に花を商いに行っていました。オヤジが初めて作ってくれたヒノキの車、木の香りがプンプンする新しい車、屋根によしずを張ってね。ちょうどお昼、ぐらぐらっときたわけ、車は軒下に置いてたんだが、上から瓦が落ちてくる。私は菅笠をかぶってたんですが、気がついたら笠が飛んで台だけ頭に残っていた。家も心配だし、車は権現様（根津神社）に引き込んで、すっ飛んで帰ったら、坂上から血だらけの人が降りて来るし、まだ火は出ていなかったがあのときの気持ちったらなかった。

谷中の高台は地盤がいいから、小川のはんちゃんの長屋が三軒ばかり潰れ、提灯屋が前にのめっただけでした。「お米がなくなるよ」と言われて、練馬の知り合いのところで弟と三俵買ってきた。しかし食うや食わずの人がどんどんやってくるので、うちは家族は多いが、なんだか米を炊くのが気が引けた。

お袋が逃げてくる人たちを気の毒がって、いろいろ接待したもんです。こっちは家が残っているしね。裏につるべ井戸もありましたし。そのときお茶と一緒に出したらっきょうがうれしかったって、浅草の寿司屋の家族が毎年その日になると挨拶に来てました。（一九・二二号）

杉浦正雄さん（同）**仕出し屋**

私は一二の時でした。学校から帰って将棋を指していたらガラガラッときてね。家の瓦はほとんど落ちて大変でした。幸い誰も怪我はしませんでしたが。この辺りは非常に地盤がよくてひっくり返った家は何軒もなかったですよ。石崎という米屋がかしがっちゃって、梁を十文字に太い針金で縛っていたのを覚えています。あの頃はガスも引けてなかったし、お袋はコークスを使って天ぷらを揚げてましたよ。それでも、あんなに東京中焼けたのに、この辺りからは火事は出しませんでしたね。

そのうち井戸に毒を入れられたとか、家に火を付けられたとか変な噂が飛んでね。私の友だちのお父さんも、まちがわれて兵隊に剣つき鉄砲を突きつけられて連れて行かれそうになったんですよ。ちょうど私たちがいたので、「違うよ、違うよ、あれは友だちのお父さんだよ」と証明して放してもらった。

それからしばらくして、朝倉文夫先生のところに、陸軍の歩兵が、付近警護に駐屯してきた。私や江川さんの弟さんはすっかり仲良くなっちゃって、遊んでもらったり、乾パンをもらったりしていました。（一九・二一号）

土方《ひじかた》清広さん（同）　**霊梅院住職**

谷中小学校のそばに三浦屋と言う米屋があった。そこで玄米を俵で買ってきて、うちへきた避難民は一〇〇人もいたかしら。その人たちにもなんとか食べてもらうことは出来たんですが。そのころ米一升何銭という時代でした。

食べようと思うと、飯の上がごま塩をかけたように真っ黒。火の粉の灰なんですよ。私だって一時は、乳母車に仏様と過去帳を積んで、板橋のガスタンクのあたり

まで、疎開（避難？）したんですよ。（二一号）

＊以上三人は谷中初音町三丁目「我が町を語る」一九号と二一号より抜粋。

柴崎要さん（浅草寿町から谷中）明治三〇年生まれ

震災は、この辺（浅草寿町）はひどかったです。……家ではおやじの出入りの谷中のお屋敷に逃げようと、おやじと妹を連れて、出入り場の半纏《はんてん》は焼いちゃ大変だと言うんで、半纏だけ積んで逃げました。道中、余震はひどくてね。ようやくお屋敷についたら、そこの奥さんは、私にお金を渡して、「あんた軍人だから米を買ってきてくれ」って。その家には避難民がたくさん来て、米がなくなってたんですね。

それで出入りの相撲を二人連れて、千住まで買い出しに行きました。なかなか売ってくれないんですよ。でも軍人の服に勲章ぶら下げていたんで、在郷軍人ですが、兵隊さんならあげようってわけで、米を二俵となすの塩漬けを一樽持ってきて、そのときはそっちこっちに死人なんか出てなかったんですが、落ち着いてみたらたまげたですね。なんでこんなに焼けちまったかとね。（『古老がつづる——下谷・浅草の明治、大正、昭和1』以下『古老がつづる』とする）

上野の美術展、初日

九月一日は、日本美術院展と二科展の初日だった。装いを凝らした紳士・淑女は上野の竹の台（今の噴水のあるあたり）陳列館に集まり、横山大観の「生々流転」に話題が集中していた。東京帝国大学教授、地球物理学者寺田寅彦もこのとき、二科展に招待され、それを見た後、同じ漱石門下の画家、津田青楓と喫茶店にいた。

寺田寅彦（駒込曙町）**地球物理学者、明治一一年生まれ**

T君と喫茶店で紅茶を呑みながら同君の出品画「I崎の女」に対するそのモデルの良人《おっと》からの撤回要求問題の話を聞いているうちに急激な地震を感じた。椅子に腰かけている両足の蹠《うら》を下から木槌で急速に乱打するように感じた。多分その前に来たはずの弱い初期微動を気が付かずに直ちに主要動を感じたのだろうという気がして、それにしても妙に短週期の振動だと思っているうちにいよいよ本当の主要動が急激に襲って来た。同時に、これは自分の全く経験のない異常の大地震であると知った。その瞬間に子供の時から何度となく母上に聞かされていた土佐の安政地震

の話がありあり想い出され、丁度船に乗ったように、ゆたりゆたり揺れるという形容が適切である事を感じた。仰向いて会場の建築の揺れ工合を注意して見ると四、五秒ほどと思われる長い週期でみしくくみしくくと音を立てながら緩《ゆる》やかに揺れていた。それを見たときこれならこの建物は大丈夫だということが直感されたので恐ろしいという感じはすぐになくなってしまった。そうして、この珍しい強震の振動の経過を出来るだけ精しく観察しようと思って骨を折っていた。

主要動が始まってびっくりしてから数秒後に一時振動が衰え、この分では大した事もないと思う頃にもう一度急激な、最初にも増した烈しい波が来て、二度目にびっくりさせられたが、それからは次第に減衰して長週期の波ばかりになった。(『震災日記』)

寺田寅彦は、震災の様子を冷静かつ科学的に叙述している。最初の主要動で美術館内喫茶店にいた客がみんな立ち上がったが、筋向かいに居た中年夫婦は立たなかった。「その夫人がビフテキを食っていたのが、少なくも見たところ平然と肉片を口に運んでいたのがハッキリ印象に残っている」。

寺田寅彦の日録は長く続く。しかし、さすがだと思う観察も少なくない。一部を引く。

T君に別れて東照宮前の方へ歩いて来ると異様な黴臭《かびくさ》い匂が鼻を突いた。空を仰ぐと下谷《したや》の方面からひどい土ほこりが飛んで来るのが見える。これは非常に多数の家屋が倒潰したのだと思った、……東照宮前から境内を覗《のぞ》くと石燈籠は一つ残らず将棋《しょうぎ》倒しに北の方へ倒れている。……精養軒のボーイ達が大きな桜の根元に寄集まっていた。……坂を下りて見ると不忍弁天の社務所が池の方へのめるように倒れかかっているのを見て、なるほどこれは大地震だなということがようやくはっきり呑み込めて来た。……

動物園裏まで来ると道路の真中へ畳を持出してその上に病人をねかせているのがあった。人通りのない町はひっそりしていた。根津を抜けて帰るつもりであったが頻繁に襲って来る余震で煉瓦壁の頽《くず》れかかったのがあらたに倒れたりするのを見て低湿地の街路は危険だと思ったから谷中三崎町から団子坂へ向かった。谷中の狭い町の両側に倒れかかった家もあった。塩前餅屋《しおせんべいや》の取散らされた店先に烈日の光がさしていたのが心を引いた。団子坂を上って千駄木へ来るともう倒れかかった家などは一軒もなくて、所々ただ瓦の一部分剝がれた家があるだけであった。曙町へはいると、ちょっと見たところではほとんど何事も起らなかったかのように森閑として、春のように朗らかな日光が門並を照らしている。宅の玄関へはいると妻は箒を持って壁の隅々からこぼれ落ちた壁土を掃除しているところであった。(『震災日記』)

興味深い実況報告である。この塩前餅屋というのは一八七五(明治八)年創業の今もある「菊見せんべい」だろうか。寺田の地震関係のエッセイをまとめた『地震雑感/津波と人間』(中公文庫)が二〇一一年三月一一日のあとに出された。

同じ頃、鋳金家の香取《かとり》正彦も同じく二科展を鹿島龍蔵(鹿島建設重役)ともう一人と見ていた。「とにかく家に帰ろう」と上野広小路に出て、パンを五円買ったら三人で持ちきれないほどあり、上野の停車場に行ったところ、すでに汽車は動いていない。そのまま上野の山を抜けて田端まで歩いて帰った。

日本美術院展で評判の横山大観の「生々流転」は無事だっただろうか。岡倉天心、横山大観に仕えた谷中の経師屋《きょうじや》、谷中墓地の入り口、茶屋町の寺内家に嫁いだ寺内千代さんに聞いた。

寺内千代さん（谷中茶屋町）**経師屋**

私が寺内銀次郎の息子、新太郎に嫁いだのが大正一〇年の一一月ですから、上の子が生まれて一年くらいであの震災に遭いました。その当日、秋の院展の始まる日で、夫の新太郎は上野の美術館に先生方の絵を陳列してお見せしはじめたところに地震。まずは彫刻や絵を素早く美術館の床下に収め、いちばん大事な大観先生の「生々流転」、あれは長いもので、巻くとこんな（直径三〇センチ）にあるんですよ。それを着物の懐に入れて、自転車で上野から谷中のうちまで帰りました。それをしかるべき所に保管してから自転車でまた神田やそのほか親戚の様子を見に参ったんです。私の方は、二階に寝せていた赤ん坊のところに行こうとしましたが、階段が上がれないくらいに揺れました。が、谷中は地盤がいいのか、瓦一つ落ちません。そのうち避難民がぞくぞく上野の山に上がってきました。（二七号）

上野の東照宮の石灯籠がガラガラと倒れ、大仏の首が落下。谷中墓地の墓石もかなり倒壊した。この寛永寺や東照宮に奉献された石灯籠は倒れたまま、三〇年ほど前までは上野の山のあちこちで見られたが、いつの間にか整理されたようである。

首が落ちた上野の大仏

江本義数さん（上野）**微生物学者、学習院大学教授、明治二五年生まれ**

精養軒前の小高いところに安置されたぬれ仏であった。あのマグニチュード七の振動で惜しいことに頭がポッキリ切れ、地上に落ちた。そしてずいぶん長い間、戦争の影響もあってか、そのままに放置され真に痛々しい、お気の毒のことであった。……仏頭は寛永寺に残されたが、仏体は再建のために解体、保管中、一九四〇年秋に金属の供出で献納された。（五一号）

この大仏は一六三一（寛永八）年、越後国長岡や村上の城主、堀丹後守直寄《なおより》が上野にあった屋敷内に、戦乱の世に倒れた敵味方の将兵を祀ったのが始まり。その後、この地は寛永寺の創建により境内になった。一六四七（正保四）年の地震で破損、その後、仏殿を建てたが焼失、一八四三（天保一四）年に新鋳され、彰義隊の上野戦争にも遭遇、無事だった。震災で首が落ち、胴体の方は太平洋戦争のときに銅の供出で鋳つぶされたというのである。なんと受難の仏さまであることか。

一九六七（昭和四二）年、パゴダが建立され、お顔だけがもとの地にまつられている。江本義数氏の子息の江本義理《よしみち》先生は、東京国立文化財研究所保存科学部長を務め、酸性雨が上野谷中の寺の屋根や銅像などに与える影響について教えを請うて親しくなった。

一二時二九分　東京湾に停泊中のコレヤ（これや）丸の川村豊作技師、〝横浜地震後火炎岸壁ニ近ヅク〟の第一信を打つ。銚子無線電信局との交信に成功、その後一三時一七分潮岬無線がこれを傍受し伝介。これが関西地方への第一報となった。さらに磐城《いわき》無線電信局が傍受してサンフランシスコ、ホノルル、北京へ通信、アメリカのラジオを通じて世界に伝わった。地震の第一報である。

午後一時一〇分、石光真臣第一師団長は「非常警備にかんする命令」を発す。

「動坂町一三七、揚物屋大島四郎方」など市内一三六カ所より出火。

根津の谷

さて谷底の町〈根津〉に目を転じてみよう。

山崎晃大朗さん（**藍染町**）

「きんぎょ〜え〜きんぎょ」と手甲脚絆《てっこうきゃはん》に草履履き、どんぶり前掛けに菅笠姿で、腰に絞りの手ぬぐいを挟み、炎天下を小道から路地まで涼を売る姿があった。当時はどこのうちにも巾着型や角型の金魚鉢があった。

天秤で桶を担いだ金魚屋さんが、朝早くから大勢出入りしていた「春日」という錦鯉養殖所が根津藍染町八番地にあった。

関東大震災の時、近くの小さな家は崩壊し、春日の金魚屋が避難場所になった。夜は水槽に蓋をして、その上で寝た。大勢の人が助けられた場所である。私もそこで一夜を明かしたことを思い出した。（四〇号）

これは今の藍染保育園の場所。明治時代からあり、「ばんずい」の名で親しまれ、幸田露伴の書簡にも登場する。「ばんずい」経営者の春日さんは一九三一（昭和六）年に根津を離れ、西新井に越したのを追って話を聞きに行ったことがあった。

筑紫悦子さん（**宮永町**）**カナダ在住、大正八年生まれ**

私は大正一一年、三歳の時から根津宮永町に住んでいました。関東大震災の時は四つで、母に背負われて根津神社内に避難したと母がよく話していました。（一二号お便りから）

矢沢寿々枝《すずえ》さん（**根津八重垣町**）**大正七年生まれ**

父母は大正五年に本郷区根津八重垣町一番地の寿湯で世帯を持ちました。今ある宮の湯は裏道ですが、当時は善光寺坂に面した表通りでした。昔は町内に内風呂のある家が二、三軒しかなく、銭湯が繁盛しました。大正一二年の関東大震災の時は風呂場をすべて開放し、避難してきた人の宿泊場所にしていました。（七〇号お便りから）

寿湯は根津交差点から谷中方向へ四軒目の左側であった。現在、宮の湯も廃業した。

小山定吉さん（藍染町）明治三六年生まれ

哥音本《かねもと》という寄席が八重垣町の角にあったがぺしゃんこになった。あれは本田敬次郎という、もとは根津真泉病院の院長の車引だった人が起こし、二階建てで、下が稲元屋と言う呉服屋だった。いろんなものを出したが、毎日ではなかったね。

私は根津学校であんまり悪ガキだったので、こんなの置いとくとためになんねえと、尋常五年で上野広小路の桐簞笥店に奉公に出され、関東大震災でそこが焼けてからは広小路で汁粉屋をやったり、ビアホールをやったり。不況の時は根津に帰っても鳶の仕事はないもん。（一四号）

根津藍染町頭の小山さんの話に出てくるのが、地震で倒壊したという呉服屋稲元屋のことである（稲本屋とも）。

震災が起きた後、建築が制限されていた。つづけて昭和の恐慌の時代が続く。町場の大工や左官、鳶には不況の時代が続いた。人々はまずバラックを建て、やっと本建築の家が建つようになるのは昭和五年ころ。築昭和五年という家をよく聞くのはそういうわけである。そのせっかく建てた家の多くが一五年後に米軍の空襲により焼けてしまうのだが……。

近藤会子さん（根津）**明治四二年生まれ**

ちょうどお昼ごはんをよそって口に入れようとした時だったですよ。おひつの蓋を閉めなかったもんだから、壁土がバラバラ落ちてごはんの中に入っちゃってね。あわてて門まで這うようにして逃げたんですけど、火の粉が降ってきて恐いんで、一高（今の東大農学部があるところ）に避難しました。

本当に人生って長いですね。こうして夫婦とも八〇過ぎて薬の一つも飲まずに暮せるってことは幸せです（夫の近藤栄一さんの話は五八ページに）。根津という所は不思議な所で、とても住みやすい。谷中にも上野にも本郷にも近くて、はじめはこんなすり鉢の底みたいな所と思いましたが、おばあさんが「よほどのことがなければ、ずっと根津にいなさいよ」といった意味がようやくわかりました。（二四号）

近藤会子さんは、本郷菊坂の佐藤高等女学校に通っていた。

根津は上野台と本郷台に挟まれた低地で、縄文海進の時代には海の底だった。土地が隆起して、残った一条の川が藍染川で、根津の人々の生活を支えていた。不忍池に近づくほどに湿地になり、地盤がよくないので、江戸から明治にかけて建てられた家は松丸太を土中に筏のように組んで、その上に家を建てている。その割には、根津で火災や倒壊が発生したという話は聞かない。

九月一日一三時、「富士山が大爆発」「東京湾岸に大津波」などの流言あり。

治安維持と救護にあたるべき警視庁（赤池濃《あつし》警視総監）は日比谷にあった赤煉瓦の本庁（今の第一生命のあたり）が焼け、官房主事だった正力松太郎らは府立第一中学校（今の日比谷高校）で臨時警戒本部を発足。警戒班、偵察班、特別諜報班、給与班、救護班、消防班を編成した。（鈴木淳『関東大震災』など）

千駄木あたり

根津から、千駄木に目を向けてみる。当時は駒込千駄木町、駒込坂下町、駒込林町、駒込動坂町と町名に駒込を冠し、今は一括して千駄木となっている。このあたりにいた人々はどうか。

中小路静以《しずい》さん（**駒込林町**）**明治四一年生まれ**

かぞえで一五の時で、神明様（上富士のちかくの天祖神社）近くの裁縫学校に通っていました。久しぶりにお友だちと会ってペチャクチャやっていたら、ゴーッて音がして、風とも違う異様な音でした。その次ガターンときてガチャガチャとすごかった。

当時は部屋に百燭《ひゃくしょく》という電気で、平らなガラスのほやが一間おきくらいに天井からぶら下がっていましたが、それがお互いにぶつかってカチャーンと鳴りました。それで裁縫用の机の下にかくれました。それから先生が早く運動場に出ろというので、窓から外を見ると、学校の前の家の土壁がたおれ、土煙がもうもうとしていたので、「先生火事です」といったけど、そうじゃなかった。でもその後、本当に火事も起きたんです。それはカツとかコロッケをお昼時分に売り出す店の油に火が入ったのね。

それから二回目の揺れの後、それぞれ家に帰ったんです。駒込病院の近くを通って林町の自宅に帰る途中、つぶれた家の前でもこもこしてるから何かと思ったら、血だらけの男の人が「姉ちゃーん、姉ちゃーん」と呼ぶんだけど、恐くてね。家は林町の高村光雲さんの筋向いでしたが、夜になって一時、避難しろというので、やかんに水をくんで、ごはんのお釜もって、一晩だけ近所で野宿しました。翌日、電車通りへ行ってみると池之端七軒町のカーブの所で、電車がパタンと倒れてしまっていました。

学校は被害もなく、一週間も休まなかったと思いますが、被災者への配給にするんでしょうか、筒袖の襦袢《じゅばん》みたいなのをお前は一〇枚縫え、お前は何枚縫えと毎日せっせと縫わされました。

思い出せばあの日、信心深かった父が、一度仕事に向ったのを戻ってきて、学校に行く私と妹に、「お前たち、今日は何かあるかもしれないから、学校が終わったらすぐ家に帰れよ」といったんです。とっても不気味な雲が団子坂上から谷中の方に見えたとか。

今も毎晩やかんに一杯、水をくんで寝るのと、ローソクは太いのを六本くらい常備してます。（二四号）

家屋の倒壊に際し、土煙がもうもうとするのは、長年蓄積した塵埃もあるが、小枚壁《こまい》といって竹や木を組んだ下地に土や漆喰などを塗り込めてあったからでもあろう。屋根瓦も土で止めてあった。

本郷区動坂あたりの惨状。崩れ落ちた家もある

中小路静以さんは後に団子坂下の藍染め屋に嫁いだ。夫君は中小路清次郎さん、大柄な無口な旦那さん。最初は日本橋で呉服商をしていたが、震災の翌年、一九二四（大正一三）年に現地に越して紺屋になった。半纏、幟《のぼり》、暖簾、幕などを注文で染めており、工場に深い藍の瓶が地中に埋まっていた不思議な風景を思い出す。

手島富さん（団子坂上）**大正二年生まれ**

うちは団子坂の上の四軒長屋で父は万年青《おもと》の鉢作りが仕事でした。

母と隣のおかみさんは涼しくなってきたので冬物の布団側を買いに出かけてました。私は家の裏のゆりえちゃんちに遊びに行き、そこで地震に遭いました。慌てて柱にしがみついたけど、上を見たら柱の合わせ目が外れそうだったので、一回目の揺れのあと、すぐに飛び出し、うちの作業場に「父さん！」と裸足で駆け込んだ。

窯場は土煙でもうもうとしていましたが、父は私を横抱えにして、瓦が落ちると危ないからと表から家に入り、ようやく家族が無事なのがわかってから、大給坂《おぎゅうざか》の上にそのころあった丸善のインク工場に逃げました。あのときは「朝鮮人が日本人をみな殺しにする」という流言飛語で大騒ぎ。男は棒きれをもち、女子どもは逃げろというのです。

私たちは丸善に何日かいましたが、「赤ん坊を泣かすな」と、それはみなピリピリしました。町会では、大根のみそづけ、おにぎり、すいとんなどの炊きだしをしてくれました。

そのうちに団子坂上の家に帰ってみると、上野の方から来るのか、白山から板橋方面（中山道沿い）に逃げていく人がぞろぞろ。家の前の乾物屋なんか、あっという間に買い占められてなんにもないの。うちもどこかへ避難しようかという話になって、大八車を用意してからお昼ご飯を食べて、外を見たら盗まれたのか、車がないんで、避難するのをやめちゃったのよ。（三〇号）

千駄木は植木屋の多い土地であったが、明治の初期に万年青がはやって飛ぶように売れた。森鷗外の「雁」にも万年青の鉢が登場する。丸善インキ工場はオノトの万年筆を売り出していた丸善の経営で、一九一一（明治四四）年創刊の『青鞜』にも広告を出している。高村光太郎にも「丸善工場の女工達」という詩がある。

霜越由雄さん（**神明町**）**大正五年生まれ、米屋**

小学校二年生、父に連れられて耳鼻科の医者に行くところだった。この日の服装は、紺絣りの単衣に朴歯の下駄履き、いわゆる、当時流行の書生スタイルの和装。そして自宅を出て約三〇メートルほど歩いた交差路まで来たとき、突如、グラッ！グラグラッと大地を揺るがせて、地震動が起こり、これがこの大震災の初動である。……

裸足となり、父の腰に夢中でしがみついた。目の前の木材店に立てかけてあった角材が数本倒れ、次いで大柱が音を立てて、何本かバタン！と倒れるのが目にうつった。余震が続き、父にしっかりしろよと声を掛けられながら家に戻った。……前年に新築した我が家は幸いにしてビクともしていない。……

夕刻が近づくにしたがい、下町方面の空は灰色に覆われ、暗くなるにつれて赤い炎が見えて、時には黒煙の中に火柱が立ち上るという光景も思い出される。

そうしてこの火災が上野から池之端、そして根津付近にまで近付いているという噂を聞き、恐怖の中で、女、子供たち家族は家から出て、すぐ近くの都電通りに避難して、軌道敷上にむしろ、ござを敷き並べ、近隣の家族とともにひとかたまりとなって座り込んで、一夜を過ごすこととなった。

各家は、その家の主人、店員といった男衆が残り、近所の人四、五人が交替で付近を見回り警戒に当たっていた。また、その夜、私たちが避難していた歩車道は、下町方面から、罹災した家族、避難する家族が延々と続き、荷物を背負い、中には荷車、手押し車を曳く人たちもあり、また病院からの避難者であろう、担架に患者を乗せての白衣の一団もあって、ぞくぞくとその行列が一夜中続いていた。(『大正時代を顧みて』)。

霜越さんが生前に書き残された私家本を奥さまから送っていただいた。

高山敬江さん（坂下町）**大正三年生まれ**

あのときちょうど橋の上にいたんです。今のよみせ通りに大どぶ（藍染川）が流れていて。あわてて母が路地の家から飛び出してきて、私の手を引っ張って家に引き込んでくれました。

坂下町に住んでいたころで、あの辺りの低地ではけっこう長屋などが「あーっ」という間に倒れたと思います。父は一所懸命つっかえ棒をかっていました。うちも損傷が激しくて、近くに捨て場の原ってのがあって、そこにひとまず避難しました。

（二四号）

駒込坂下町はもともと「千駄木の底なし田んぼ」を本郷区中のゴミで埋め立て、一九〇三（明治三六）年に根津遊郭の大通りを団子坂まで延伸させ、不忍通りが出来た。そのときその原っぱは「新道が原」と呼ばれた。その後、一九一七（大正六）年に上野方面から団子坂下まで市電が引かれ、終着点の車庫兼引き返し場になっていた。やがて市電が神明町までのびて、新道が原は電電公社に払い下げになり、民営化後はＮＴＴのスポーツクラブ、さらにサーバービルへと変わった。「捨て場の原」とは、ゴミ捨て場ということだろうか、今となっては高山さんに聞くすべがない。

桑田熊蔵のお嬢さん（林町）

父は社会福祉を専攻し、工場法を制定する調査などをやっておりました。千駄木の高台はどこも奥深いおうちで、うちは庭が広いだけで建物は質素でした。並びの渡辺仁さん、須藤さん、岡本さんなど年は違いますが、みんなお茶の水の附属に通っていました。そのころは女高師（女子校等師範、今のお茶の水女子大）は今の大塚でなくお茶の水にあり、本郷通りを市電で通いました。大塚に越したのは震災で焼けたからです。

大震災の時は一〇人家族がみな、庭に飛び出して、いちばん近い紅葉に捕まって、揺れが少し収まると、父が次の紅葉を指さして、そこに移って門までたどり着きました。その後は庭に蚊帳を吊って外で寝たんですよ。（一九号）

桑田熊蔵は鳥取県倉吉町の生まれで、東京帝大の法科を卒業、社会問題を英独仏で学び、中央大学教授だった。最近、倉吉でお身内の桑田酒店さんに会えた。渡辺仁は著名な建築家〈服部時計店〈和光〉、原邸〈原美術館〉など設計〉、岡本家は岡本銀行頭取。せっかく電話をかけてくださったのに、お名前を聞き漏らした。

福田操さん（千駄木町おそらく低地）**大正七年生まれ**

千駄木町に生まれ、昭和五年までいました。

大地震発生、家の前の大きな通りの長屋がお辞儀をするように揺れて、瓦がざあっと落下しました。私たちも祖父、父母兄弟六人で、自分は一升瓶に米を入れ、父母は布団を担いで谷中の墓地に避難しました。

上野方面より、大八車に荷を載せて大勢の人々が千駄木の通りを避難してとぼとぼ行く、失意の悲しい姿にびっくりしました。

根津小学校に昭和三年まで行き、昭和四年、当時としては立派な鉄筋地下一階地上四階の新築の汐見小学校に転校、昭和五年に卒業しましたが、第三回生でした。（三〇号お便りから）

玄米を梅干壺に入れて棡木で搗っているが、一升瓶も使った（宮武外骨『震災画報』）

当時は軽いビニールやプラスチックの容器がなく、小学生が一升瓶に米を詰めて運んだのだった。

初田博司さん（動坂下）大正八年生まれ、眼科医

両親と六〇を過ぎた祖父と一緒に暮らし、父は眼科医を開業していた。当時は四歳半で祖父が大変かわいがってくれて、いつも遊び相手をしてくれた。……地震が起きて家が揺れると箪笥が揺れて引き出しの取手の金具がカタカタと鳴って大変怖かった。

祖父が急いでその箪笥に背を寄せて座りあぐらをかいて、そのひざの中に抱かれてじっと守られていた。……家が倒壊する恐れがあったので、その夜、家の中で寝ることは危険なことが予想された。

両親が家の雨戸を外して家の裏に流れている細い川の上にわたして何枚も次々に並べた、雨戸の上で家族はその夜寝た。

……その雨戸の上で寝ながら夜空を見ると青天井はまっ赤に幅広く焼けている様子が見られたが、上野方面の火災であった。

祖父は麦わら帽をかぶって白い小袖の甚平を着て歩いていたところを怪しまれ、

間違えられて連れて行かれた。それを見て近所の人が大さわぎをして知らせてくれた。翌日、父が祖父を引き取りに行ってやっと連れ戻ってきた。

警察の権力が強く、警官が長いサーベルを持ってどなって歩いていたので人々は恐れを抱いていた。（『文京の震災戦災体験談』本書は語り手の現住所しか載っていないので、明確でない場合は遭遇地を省いた）

子どものとき目が悪くなると初田眼科にお世話になった。立派な顔の先生だった。

中川六郎さん（動坂上）

私はまだ生まれていない頃の話ですが、両親は大正一〇年に結婚し、やっと新婚生活に馴れた矢先に関東大震災でした。幸い、動坂上一帯は平屋建ての長屋で借家が多く、火災と建物の崩壊はあったが、死亡者は出なかった。余震が続く間、臨時に開放された近所のバラ新と吉祥寺本堂裏手の竹林に避難したとか。当時動坂一帯にはガスは普及しておらず、日常の燃料はもっぱら薪、木炭、石炭で、母は燃料の調達に大変苦労したようです。

被害のひどかった下町からの死傷者が戸板、大八車などで駒込病院に運び込まれ

るのを見た時は、生きた心地がしなかったと母は涙ながらに語ってくれました。(二四号)

バラ新は明治時代からある洋花の園芸家で、鹿鳴館にも納めていたという。駒込病院は避病院として、一八七九(明治一二)年にまだ人家も疎《まば》らだった動坂上に建てられた。コレラや赤痢の感染症患者をバラックの病棟に収容し、収まって患者もいなくなると、衛生上病棟ごと燃やすというようなこともしていた。明治三〇年くらいから常設の病院になる。

磯貝元さん(中野)大正八年生まれ、医師

私は当時五歳で、府下東中野に住んでいたが、地震の第一撃で廊下のガラス戸が全部外れて吹っ飛び、続く猛烈な横揺れで家全体がきしみゆがんで、立っていられなかったのを覚えている。

動坂上の駒込病院は関東大震災の時は地盤がいいため、腰板が二、三枚落ちただけで病棟は安全だった。病院からは一八〇人の患者が、黒田昌恵院長代理などに引率されて脱出した。医師七名、看護師六八名、職員三〇名が付き添った。しかし当時、腸チフスと赤痢が流行っており、駒込病院が満員で、下町の本所病院にも収容していた。そこが丸焼けになり、職員は患者を担架に乗せて、本所から駒込病院まで五日かけてたどり着いたそうだ。（『駒込病院百三十年の史譚』）

磯貝先生は東京帝国大学医学部を卒業、海軍軍医、のち駒込病院副院長まで務めた。この病院の歴史についての第一人者で、数々の記録を残し、谷根千に寄贈してくださった。都立駒込病院は、今もエイズやコロナなど感染症に強い病院として大きな力を発揮している。

浅井正夫さん（千駄木団子坂）**大正二年生まれ**

千駄木小学校四年の時です。始業式で帰ってきて、夏の疲れもあって寝ていたら大きな地震。あわてて梯子段を降りて、庭にあった大きな天水桶にみんなでつかまった。この桶は、母方の実家が礼文島でニシン漁の網元をしてたんですが、そのニシンを煮る鉄の大釜でね、水が入っていたからびくともしないんです。

そのうち近隣の避難者がぞろぞろ入り込み、みんなゴザを敷いて庭にいた。長い人は何カ月もいたなあ。まあ接待こそできないが、みんな困ってるんだから、どうぞどうぞってわけで。井戸は菊そばの所に一つ、瀬谷さんのところに一つ、それからボクらが毎日風呂の水などに使っていたのが一つあって、井戸を守れってんで、門

のところに町会でテントを張って、かなり後まで見張っていました。（二四号）

浅井家は団子坂で植梅という屋号を持つ、明治以降は菊人形の名家であった。菊そばは明治末に菊人形が廃《すた》れた後、浅井家がそば屋を開業したもの。今はマンションになっている。瀬谷さんとは瀬谷耳鼻科、今は赤いビルで一階にイタリア料理店ターボラが入っている。

小林静江さん（団子坂）**大正四年生まれ**

小学二年の関東大震災のとき、余震も大分静かになって、私たち子どもは鷗外邸の前の見晴らし台へ行ったところ、下町の方を見るとどこも炎。団子坂は下町から飛鳥山へ逃げて行く着のみ着のままの避難民の方達で埋めつくされ、子ども心にも足が震えたのを覚えております。

あのときは染井様の唯一あったポンプの井戸水のお陰で近くの人たちは助かりました。当時、近所にも釣瓶井戸は二、三あったのですが、朝鮮人が毒を入れたとのデマで使用できず、私もヤカンを持って染井様の裏門の行列に並びました。（二四号）

染井様とは団子坂上の米屋で、当時の主人染井洸氏は町会長、本郷区議会議員を務めた。もともとは掛川藩太田家の家臣である。今の千駄木町一帯は太田家の屋敷で、今もご子孫がお住いだ。明治以降も、旧家臣はいざというとき主君を守るためにも、その屋敷の近くに住んでいた。

ところが後日、小林さんから、「よく考えてみたら助けてもらったのは鷗外邸のとなりにあった酒井様のポンプ井戸のような気がする」という訂正のお便りが届いた。酒井家は子爵で、邸あとは藪下道に面するマンションになっている。「見晴らし台」はこの前の道を指す。

さて、ここに団子坂上の森鷗外邸のことが出てくるが、森鷗外はその前年の一九二二（大正一一）年七月九日に六〇歳で亡くなっており、関東大震災には遭遇していない。向島の黄《おう》檗《ばく》宗弘福寺に葬られたが、そこが震災で全焼、震災復興で隅田公園建設のため、拡幅工事の範囲に墓が入り、宗旨は異なるが三鷹の禅林寺に改葬された。

またもう一人の文豪夏目漱石は鷗外より早く、一九一六（大正五）年の暮れに牛込区で四九歳で亡くなっている。晩年の住いは新宿区立夏目漱石記念館になった。この二人が生きていたら震災のことをどのように書き残しただろうか。

千駄木について、いちばん詳しいのは不忍通りに今も続く茶舗野口園の野口福治さんの話である。残念ながら野口氏は私たちが雑誌をはじめるころ、すでにご存命ではなかったが、『ふるさと千駄木』という郷土史の労作を残してくださっていた。

野口福治さん（千駄木町）**明治三一年生まれ、茶舗**

この時、父親と三歳の長女を店に、私は奥で昼の食膳に向かっていた。南の廊下ごしに異様な真っ黒い雲がだんだん大きくなり、地の底から不気味な地鳴りが聞こえた。これはと思う間もなく、家ぐるみズシンと大きく突き上げられ、ぐらぐらっと大きく揺れ続け、柱時計が落ち、庭先に屋根瓦が音をたてて崩れ落ちてきた。

これは大変なことになったと、まず火の始末をし、母親をお仏壇の前に連れて行き、それから店にいる父親と子供のことが心配なので、揺れが小さくなるのを待って、今まで敷いていた座布団を頭に載せ、母親を抱きかかえるようにして店へ行ったが、店先には十五、六本のお茶の入った茶瓶《ちゃがめ》が棚から落ち、その破片で足の踏み場もない中を、早く早くとせきたてて表に出た。父親は子供を抱いて、電車の軌道の上にいた。

地震と同時に表に飛び出した両側の皆さんが、お互いに無事を喜び合い、恐ろしさを語り合いながら、商売用の食品を店先から持ちより、分け合って腹づくりをしようとしていると、すぐ前の横丁から助けを求める声がするのに驚き、飛んで行って見ると、お向こうの高橋屋米店の御主人で、区会議員でもあった信次郎さんが、筋向かいの金台さんの倒壊した家屋の下敷きになり、身動きも出来ずにいた。四、五人の者が丸太を持ってきて、力を合わせて、余震の続く危険の中をようやく無事に救い出した。

また、今の富士銀行の所にあった四戸建て二棟が倒壊して、三河屋という飲食店の父親と子供さんが梁《はり》の下敷きになったが、これも御近所の皆さんの力で無事に助け出した。

この裏側にあった、二代目の町会長でもあった熊倉正五郎氏の質店の土蔵が崩れ落ち、前の道路が一時不通になったり、東側の斎藤さんの貸家の三戸と北邨《きたむら》さんの所にあった四戸建てが崩壊、また私の隣の金太郎飴店でもボヤを出したが、これらはいずれも、御近所の協力でことなきを得た。余震の続く中のことで、大きな地震がまた来れば、ボヤが大火となり、また人命にもかかわるこの中での皆さんの真剣な働きは大変なものでした。遠くの親戚より近くの他人とか、御近所のお付き合いを大切にと身にしみた。（『ふるさと千駄木』）

火事さえなければ、千駄木のおだやかな罹災情況が語られる。いくつか倒壊した家があり、下敷きになった人を近所の協力で救出した。

この富士銀行とは、今も不忍通り沿いにあるみずほ銀行。震災当時は安田銀行といって根津八重垣町の藍染大通りの入り口にあった。潰れた長屋は四軒であるか、五軒であるか、記憶が分れるが、何人かの人が話してくれた。震災後、ここに安田銀行が根津から移ってきた。

ウスイ質店は熊倉質店の後身で、一九九〇年代まで営業を続けていた。

臼射昭夫さん（千駄木）**ウスイ質店**

熊倉正五郎は栃木の村長の家の出でしたが、政治に入れ込んで家産をなくした。井戸塀代議士というでしょう。東京に出てきて日本橋で、さらに千駄木で質屋をやって成功しました。それでもまだ政治に関わって、鳩山一郎と張り合った中島弥《や》団次《だんじ》に入れ込んで「歌舞伎は左団次、政治は弥団次」というキャッチフレーズで担《かつ》いでました。

質屋が千駄木の大通りに面しているのは、金を借りる方からすると入りにくい、と言うので、大震災で蔵にひびが入ったのを機に、表通りは安田銀行に譲り、質屋は奥に引っ込めました。（三八号）

たしかに手元不如意で質草を持って行くには、人目のつかない横町の方がいい。茶舗野口園の野口福治さんの当日の実況報告はまだまだ続く。

本郷に火が迫る

野口福治さんの話の続き

この騒ぎがどうやらおさまり、一息ついた午後二時頃、官服を着た警官や、消防手が自転車の上からメガホンで「ただ今本郷湯島台が大変な勢いで燃え広がっており、この北風でこちらの方が危ない。切り通しの電車通りでくい止めないと、七軒町から根津、千駄木が焼けてしまう。若い者は消火に手を貸してください」と怒鳴ってきたので、私たちは町のことも心配だが、一応現場の様子をと、怖いもの見たさも手伝って、四、五人で飛んでいった。（『ふるさと千駄木』）

もう一度、時系列に起こったことを追ってみる。

一五時ごろ、神田方面からの大火流は駿河台から神田川を越え、順天堂病院、女子高等師範、湯島聖堂、神田明神など湯島方面を焼く。本郷を管轄する第四消防署の諸隊は退却して春日から本郷三丁目、本郷切通坂を防禦線とし、消火栓から水が出ないので、不忍池から中継送水を行い、北部山の手を死守した。

次に話を聞いたのは、当時、駒込肴町（白山上商店街）の立花屋呉服店で働いていたという近藤さん。根津での話を聞いた近藤会子さんの夫君である。近藤さんがいた肴町（今の白山）は主要道である中山道と岩槻街道がいちばん近づくところで、両道とも市電が通り、乗り換えが多いので賑わった。火事について多くを語っている。

近藤栄一さん（肴町）**明治三六年生まれ**

あの日はひどい雨が朝早くから降り出して、カラッと上って入道雲が出た。あの雲はすごかった。前代未聞だねぇ。何かあるだろうという人もいたくらいです。

私は店のレジスターの前に立って、問屋と話してたらガタッときた。うしろの戸棚が押さえてないとかぶさってきそうだった。二度目の揺り返しが来て、路地に逃げこんだが、隣同士の屋根瓦がぶつかってダーッと落ち、私の前にいた小僧さんは血だらけになった。店の奥に犬がつないであったが、私の方が足をすくわれちゃって助けてやれなかった。

それから荷車を借りて、呉服櫃《びつ》に大事な反物を入れて東大に運び、店の者四、五人で番をしました。東大の応用化学実験室がまず破裂（火災がおき）、それに小石川の砲兵工廠が焼けた。

白山上の通りでは路面電車が店の前で止まっていて、たくさんの人が電車の中で寝たもんです。二日目になると朝鮮人が井戸に毒を入れたという騒ぎがおき、梯子で白山通りをふさぎ、刀をたてて検問してました。本郷には東大に通う朝鮮の学生たちがいっぱいいたんですよ（朝鮮の人びとに対するデマや殺害については4章で）。

私の里の父が地震で大変だろうと米俵、たくあん一樽、みそ一樽を荷車で届けてくれました。運賃が五円か一〇円のころ、二〇円も出して運ばせたらしく、不法にとったと荷車引きがとがめられたらしいが、大地震のさなか行けってんだから、荷車引きも気の毒ですよ。

その後はすいとんなんか流行ったですね。それとあんとき初めてライスカレーを食べたが一〇銭だった。ありゃ、うまかったなァ。店の方は公的に開けるわけにはいかなかったが、着物をほしいという人が殺到して、今まで売れなかったネルの着物なんかあっという間に売り切れ。値を高くしてはいけないという政府の命令もありましたし、せいぜい安く売りました。

　立花屋の本店は日本橋人形町ですが、白山のほか、本郷三丁目にも支店があり、炊き出しでおにぎりを運びました。三丁目の角にしんせい堂という帽子屋がありましてね。そこの屋根に上って女の腰巻きを振ってる人がいるんです。こうすると火が逃げるってね。みんなはそんなことしたら火の神の罰があたって店が潰れるといったけど、本当に風向きが変って店は焼けなかった。が、そのあと気の毒に、店は潰れてしまったということです。

　とにかく神田から三丁目まで燃え、湯島の岩崎さんを灰にしちゃしょうがないというんで、鳶から何からお屋敷を囲んで、不忍池の水が枯れるほど消火したんです。

（二四号）

岩崎さんとは三菱財閥の総帥、男爵岩崎久弥邸。一八九六（明治二九）年の英人コンドル設計による洋館があり、庭が広いので、罹災民に開放した。ここに逃げた人は五〇〇〇人ともいう。そのとき、下町からの猛火は上野から湯島の方に回ろうとしていた。不忍池の水が消火に役立った。

小石川の東京砲兵工廠とは、今の東京ドーム一帯にあった陸軍の武器製造所である。陸軍造兵廠東京工廠などともいう。一八七一（明治四）年に旧水戸藩邸内に創立、関東大震災で火災を出し、これも町部には燃え広がらずにすんだが、甚大な被害を受け、九州小倉へ移転した。移転完了は一九三五（昭和一〇）年、跡地は後楽園スタヂアムに売却、野球場や遊園地、競輪場が出来た。

腰巻を振ると火災除けになると信じた人もいた（宮武外骨『震災画報』）

また砲兵工廠から白山通りを挟んだ真砂町と弓町は、真弓青年団一〇〇名が区会議員の指揮の下、井戸水や銭湯のため水を用いてバケツリレーして、崖や小屋を破壊し、類焼を防いだ。『本郷区史』は以下のように記している。

> 御茶の水を渡って来た火は順天堂医院、女子高等師範学校等を真先に焼き、次で本郷座方面に火焔の舌を演《の》べたが、本郷三丁目角より上野方面に向う電車通りを境に、消防、警察、青年団、在郷軍人団、その他民衆が全力を尽して防火に努め

たので、辛くも食い止めることが出来た。根津方面より駒込坂下町、団子坂、動坂方面にかけての本郷北部が火災の難を免れたのは、本郷三丁目辺を防御せる消防隊その他が切通坂下において必死の防火に努めたると及び不忍池と岩崎邸が火焔を遮断したる故である。（『本郷区史』）

青年団は、もともと村落共同体で祭礼や消防、自警等の役割を自主的に持っていた若衆組などに発し、日露戦争後に内務省と文部省の推進で上から組織化されていた。在郷軍人団は、兵役を終えた者や予備役の者により、同じく日露戦争後に陸軍の推進で組織され、後に海軍も参加した。それぞれ地域に分会をもっていた。

加藤学さん（本郷五丁目）**明治三八年生まれ、そば屋**

本郷三丁目の四つ角が焼止まりで、それ以南はほとんど焼け野原になっていました。わずかに私の家の前側壱岐《いき》坂通り（大横町）の弓町側が残っていたのに驚きました。しかしそのため、電車道に少し出しておいたうちの荷物が助かっていたのでありがたかったですね。近所の人も戻ってきたので無事を喜びあいました。焼跡には、どんぶり類が多少残っているだけで我が家はきれいに灰になっていました。隣に笹心さんという油問屋がありましたが、その地下室で「ろうそく」がまだくすぶっていて「ろう」の匂いが辺りに広がっていました。焼跡に立退き先を書いた立札がほうぼうに立っていました。弓町が残ったのは町の人が火の粉を防ぐために団結したと聞きました。日頃の訓練や隣近所の付き合いは大事ですね。(『文京の震災戦災体験談』)

東京帝国大学構内の火事

一日午後、本郷の東京帝国大学内の薬学、医化学教室、応用化学実験室より出火、東洋一といわれる図書館を焼き、法科の教室も焼けた。このとき第四消防署駒込隊は東大構内三四郎池の水をホースで汲んで消火にあたり、これに第五消防署谷中隊が協力していたが、所属管内に火事が起きて復帰した。東大構内の火が町にのびなかったのは、煉瓦塀とその内側に緑地帯をもっていたからといわれている。

東大の火事については寺田寅彦も九月一日の日記に書いている。

寺田寅彦

夕方藤田君が来て、図書館と法文科も全焼、山上集会所も本部も焼け、理学部では木造の数学教室が焼けたという。夕食後E君と白山へ行って蠟燭《ろうそく》を買って来る。……夜になってから大学へ様子を見に行く。図書館の書庫の中の燃えているさまが窓外からよく見えた。一晩中くらいはかかって燃えそうに見えた。……物理教室の窓枠の一つに飛火が付いて燃えかけたのを秋山、小沢両理学士が消していた。バケツ一つだけで弥生町門外の井戸まで汲みに行ってはぶっかけているのであった。これも捨てておけば建物全体が焼けてしまったであろう。十一時頃帰る途中の電車通りは露宿者で一杯であった。火事で真紅に染まった雲の上には青い月が照らしていた。(『震災日記』)

この電車通りとは本郷通りのこと。通称山上御殿といった山上集会所は山上会館と名を変え現在もあり、現在の建物は前川国男の設計(一九八六年)、千葉学らによって二〇一八年にリノベーションされた。

また東洋一といわれた大図書館が燃えたことについて、野上弥生子は「燃える過去」にこう書いている。

野上弥生子（日暮里渡辺町）作家

大正十二年九月一日の午後二時過。あの怖ろしい地震を近所の小さい公園の中に避けていた私たちは、西南の方に當って二三の爆音を聞いたと思ううちに、今まで正面の空一杯に立ち塞がっていた厖大な雲の峰——夜に入ると共に、これは下町のもの凄い火焰の姿を現わしたのであるが——とは別な黒煙を千駄木の森越しに認めた。本郷の大学が燃えているのだと云うことが分った頃には、私たちの頭の上には盛んに灰が降って来た。灰の中には多くの紙片が交って飛んで来た。よく気をつけて見るとそれは書物の燃え屑らしかった。黒く焦げてはいるけれども、ある紙片の表には明らかに古本らしい印刷の文字が読まれた。ラテン語の燃え屑を拾った人もあった。私たちは図書館が焼けつゝあることを聞て知った。

野上は当時、日暮里渡辺町に住んでいた。三人の男の子がいた。日暮里については後述するが、そこから千駄木の森を越えて本郷の東大あたりの黒煙が見え、そこから本の燃え屑が飛んできたとは驚く。

『大阪朝日新聞』は九月一〇日に次のように報じている。

……大学に取って最も大切なるは図書館の焼失であって七十六万余冊の内僅々一万部を残すのみで全部烏有に帰したことで其内には「マクスミューラ文庫」一万冊、「エンゲル文庫」六万冊、内務省所有「郡村史類」六千四百冊、……宮内省所有の「欽定今古図書集成」（紅葉山文庫）九千九百九十五冊、「西蔵文一切経」等再び得難き研究図書のみであったのは惜しい……

このマックスミュラー文庫は、三菱財閥の岩崎久弥男爵が拠金して、大学に寄付されたばかりであった。

火事の話は東京大学地震研究所技監を務めた佐々木さんのお話で締めくくろう。佐々木さんは根津から先の池之端に住んでいた。コルネリウス・アウエハント『鯰絵』（二七〇ページ参照）の本を教えてくれた人でもある。

佐々木孝一さん（池之端）大正元年生まれ

当時私は上野忍岡小学校の六年生でした。家に帰ってちょうど昼飯を食べようとしたときでした。走るのが速くて選手だったくらいなのに、地震が来たときには玄

関まで六、七メートルなのに這っても行けなかった。

　棚からものは落ちるし、電気、ガスの元を消せと言うけど、それどころじゃありません。ようやく静まってから根津宮永町の田中栄八郎さんのお屋敷に避難しました。蚊帳をつって一週間、飲まず食わずでした。松坂屋のあたりが燃えたとき、不忍池の水を使って消防車が六、七台で消したんです。ところが池の水を全部使ってしまうと、消防士は車を置いてどこかへいなくなっちゃった。

　この話をしたら、消防署の署長が、「今は東京中で二〇〇〇台消防車があるから大丈夫です」と言いました。でも水がなかったらどうするの、地震が来ると電気もガスも水道もみんな止まるんです。

　体験はしたけれど、今度地震が来たらこうだとはいえません。まず車の数が全然違う。大正時分は、一日何台通ったと数えられるくらいでした。ガソリンを入れた車に火がついたら導火線になります。マンションも建て方に欠陥があれば危険です。断層の中を地下鉄が通っている（当時、まだ地下鉄はなかった。最初の地下鉄は銀座線の上野―浅草間で一九二七年）。

　もう一つ違うのは、夜に地震や火災があっても消防士は地元に住んでいない。区の職員だって、その区に住んでいる人は少ないでしょう。それに一概には言えないが、大正の頃は人も情けがあったが、今は自分だけよけりゃいいという人が多いから。

地震は陸地では井戸の水位が上がったり、温度が高くなるとか、気圧の変化などからも予知できる場合もある。私も長周期地震計をプロジェクトチームを組んで研究したり、松代地震の時は現地で観測したりしましたが、もっと研究予算があれば、本州の周りにぐるりと地震計を設置出来るんですけどね。（二五号）

被害の少なかったお邸町

次は本郷区の高台の状況を見てみよう。

松本禎子さん（千駄木町）

松本家は島根松江の出身なんですが、父も母も東京に出たくて、大正二、三年頃に上京しました。父は英語、母は国語の教師でした。千駄木町五八番地の家は今は日本医大の中になっています。五七番地が夏目漱石の住んだ「猫の家」なのでその前です。関東大震災も千駄木にいたわけですね。あの日は始業式で、私は喉を悪くしていて、神田のお医者様に薬をいただいてくるように言われていました。

あの日は九月に入ったのにあまりに暑くて、太陽の色が変でした。いったん家に帰ってご飯を食べていたら地震が来ました。父は二階の書斎から慌《あわ》てて降りようとしたけど、梯子段がずれて降りられなかった。揺れはひどく、町中の屋根瓦が落ちてしまったりはいたしましたけれど、まあ無事でした。神田に行っていたらどうなっていたでしょう。

あのときは三日三晩、燃えていましたのね。暗くなるにしたがって下町の方が赤くなってきましてね。家もそのうち焼けるかもしれないというので、上野の動物園で動物を殺す鉄砲の音を聞いたら逃げようとか、いや、七軒町まで火が来てからでも遅くはないとか、もう焼けた町は二度焼けはしないからそっちへ行こうなどと申しました。七日目に父が行ってみようというので一緒に上野に参りました。焼け出された人がいっぱい避難していて、西郷さんの銅像に行き先がベタベタ貼ってあったりしました。が、不思議なことに死体は一つも見ていないの。

父は追分通りで朝鮮人と間違われて自警団に囲まれたのですが、学生さんが「先生、どうしたのですか」というので助かったそうです。

あのときの日本医専（今の日本医大）はきちんとしていましたね。医薬品の管理もしっかりしていて、火も出さなかったし、先生方も看護婦さんも消火活動に懸命で、その後も罹災者の面倒をよく見ていらっしゃると評判でした。（四五号）

画家の松本竣介夫人。なつかしいからと千駄木町に工房があった頃、おたずねくださった。竣介は旧姓佐藤、岩手の出身だが、夫人の松本家の婿になった。

田中アキさん（**千駄木町**）**明治四四年生まれ**

千駄木町五八番地で生まれました。医専の坂上で柏木といううなぎ屋でした。震災の頃、うなぎは五〇銭、八〇銭、一円くらい。贅沢なものでしたが、入院患者さんに栄養を付けさせようと取ってくれる人が多かった。

震災は小学校の五年の時ですね。隣のそば屋にも同い年の子がいて、二人でそれぞれ弟妹を連れて、根津の玉流堂に千代紙を買いに行きました。『大菩薩峠』の中里介山の弟がやっていた本屋です。その帰りに映画の芙蓉館の看板を「いいわあ、見たいなあ」なんて見上げていたときに揺れたんです。だから助かったのね。

医専の坂（今の日本医大、根津裏門坂）を上がったらあそこの道は狭いし、両側から塀が倒れ瓦が落ちて大変だったんです。帰りには瓦礫の山になっていました。下の方は今の富士銀行の所にあった四軒長屋がぺちゃんこですね。お菓子屋さん、「まるせ」洋食やなんかがあったと思うけど。それから根津の稲元屋という呉服屋、木綿の着物はあそこで買ったんですが、その建物もつぶれて、その下敷きになって番頭さんが亡くなったと聞きました。（六五号）

松本さんと田中さんは千駄木町の同じ番地内に住んでいたが、学校の先生とうなぎ屋さんで、とくに近所づきあいはなかったようだ。
現在は向丘二丁目となっている駒込蓬莱町は本郷通りに面した細長い地区で、寺が集まっている。

大畑三次郎さん（蓬莱町）**大正五年生まれ**

当時私どもの家は八百屋を営んでいたので、店の棚の商品が音を立てて落ち、店内にも居られず道路に出た。道路は今の向丘二丁目から団子坂に抜ける大観音通りで、道路に出たものの、路上の揺れが激しく、とうてい立っていられず、たまたま通行中のご婦人が共どもしがみ（つき）合い道路の中央でいく人かの人たちと揺れの収まるのを待った。

……それから瓦が落ち始め、電信柱が大きく揺れて火花を発しながら道路の両側に垂れ下がり、絶え間なく続く大小の余震に家の中にも入れず、恐怖の時に町中が家族を呼ぶ声、安全を確かめ合う声などが入り乱れて余震の収まるのを待った。（『文京の震災戦災体験談』）

菊地八重花さん（**白山前町**）**明治三五年生まれ**

（発災時）急いで長火鉢にかけてあったヤカンを持ち、炭火をすくって台所へ行った。流しで火をすぐ消そうとしたが、もうその時水道は止まって水が出なかった。……

水道、ガス、電気がすぐに止まってしまったので非常に困った。そのためその後の生活がひどかった。夏だったのでお風呂にも入れず洗濯にも困った。少し先の向かい側にあった魚道という魚屋に井戸の水をもらいに、バケツやヤカンを持っていった。……

東京書籍の工場跡地にゴザを持っていき家財を運んで一時避難した。近所の人たちも皆そこへ行った。ご飯を持っていって食べた。一晩過ごしたがその後異常はなかったので家へ帰った。

……ちょうど前日の八月三一日にも米屋へお金を払ってお米を買ってきてあった

のでよかった。地震直後から米屋も暴動が怖いのですぐに戸を閉めて当分開かなかった。銀行もすぐ戸を下ろしてしまったので預金が引き出せず、本当に困ってしまった。(『文京の震災戦災体験談』)

困ったことは多いだろうが、体験としては幸せな部類に思える。米屋や銀行が早々に閉めてしまったことがわかる。

千駄木に隣り合う〈向ヶ岡弥生町・駒込西片町〉など本郷台の山手はどうだったか。

太田博太郎さん(弥生町)**大正元年生まれ**

父は福山市の鞆町《ともまち》の町長の息子で、あそこから東京帝国大学に入ったのは父が初めてでしょう。学生時代は福山藩主阿部様のお膝元、西片町の学生下宿にいたようです。法学部に入ったけど、文学部の国史をでて、上野の図書館の司書をしていました。几帳面で、四時に仕事が終わると四時二〇分にはうちに帰り、晩飯を五時に食べる。

弥生町から僕は西片町の第一幼稚園、誠之小学校に通いました。地震の当日、僕は小学校五年で、下の八畳にいたんだけど、お袋がミシンの下に入りなさいって。

弥生町の家の南側には両隅と間に柱が一本ずつしかなかったんです。典型的な借家普請でしたが、震災で瓦は落ちなかったね。地盤がいいのかほとんど被害はなかった。

上野の山でのんきに火事見物していたら、向こうから燃えてくるのが見えて、池之端七軒町に大分近くなってきた。僕は教科書やらをもって一晩だけ、大塚の従兄弟の家に避難しました。ずいぶん揺れたし、そのあと、井戸に毒を入れたとか、凶徒が襲ってくると言うデマがあったでしょ。自警団ができ、毎日回って歩いていた。弥生町の場合、お化け階段とか要所を三カ所固めればまあ大丈夫でした。（五三号）

太田先生は、東大名誉教授、建築史の大家だが、大学卒業したころは不況で仕事がなく、何度も兵隊に取られたとうかがった。白山の小石川植物園のそばにお住いだった。

恒松悌さん（西片町）

私は誠之小学校の四年生でした。二学期の始業式を終えて家に戻り、兄と二人で二階にいたところ、正午前、突然横揺れから始まって上下動も加わり、ものすごい地震が襲ってきた。

天井から下がっている電灯が振り子のように左右に揺れ、今にも天井にぶつかりそう。書棚からは書物がバラバラと落下する。危なくて机の下に潜り込むしかなかった。余震は続き、大通りに面した商店の屋根瓦が滑り落ちて飛散する。夜になると延焼した火炎が夜空を焦がしました。

幸い小生の住む西片町は谷根千地区と同様に地盤が強固であったし、火災を出さなかったことで、被害は極端に少なかったようです。母の実家、谷中坂町六二番地の家も無事でした。（四二号お便りから）

西片町はもとペリー来航の際の老中阿部正弘の邸で、明治以降、阿部家が借地経営を行い、阿部幼稚園も経営していた。歌人の佐佐木信綱、経済学者であり政治家の田口卯吉《たぐちうきち》、小説家・半井桃水《なからいとうすい》、夏目漱石、そのあと同じ家に魯迅が住んだ。震災時に阿部伯爵は外遊中だったが、先代の夫人が罹災者を受け入れ、義援金も出している。

次は木下順二氏。木下さんは私たちの『谷根千』を応援し、不忍池の地下駐車場計画にもいっしょに反対してくださった。直接、震災のお話をお聞きしたことはないが、氏の著書『本郷』から。

木下順二（小石川区大塚窪町）劇作家

大変な揺れだがもう止む、もう止む、もう止むと、そう思うたびに大浪のような揺れがガクンガクンという衝き上げを交えつつますますひどくなって行った。ダーン、ダーンという地響きのような音が表の電車通りのほうで続き、部屋の真中に天井から長いコードでぶら下っている電灯、その笠は当時どこでもそうであった平たいお皿のような電灯が思うさま振れているうちに、壁にぶつかってパシャッと割れた。立つはずもない土ほこりが部屋中にわっと立ったのは、その壁が崩れ落ちたからだろう。地鳴りがグヮオン、グヮオンというような響きを立て続けている。

母がよろけるように駈け上って来て机の下へおはいり、みんなおはいり！　と絶叫した。（『本郷』）

「二階の八畳には姉二人と自分がいた。顔を上げると、向うのほうの高等師範第七寮の二階の瓦屋根が流れ下っていくのが見えた」。木下家の周りにも倒れた家はなかったが、電車通りに出てびっくりした。目の前に長く続いていた兵器廠の赤煉瓦の塀がすべて手前の道側に倒れていたのである。

以上見てきたように、高台住宅地は地盤がよく、揺れや家の倒壊は多少あったものの、火災は免れた。小石川区もほぼ無傷。

一五時、何人もの人が語っているが、「社会主義者及び鮮人の放火多し」の流言が出回るようになる。

一六時、上野公園内、避難者で立錐の余地なし。谷中小学校、各寺院、谷中斎場も満杯。

上野桜木町

本郷台地から根津の谷を隔てて〈上野桜木〉はどうか。

鈴木武子さん（**桜木町**）

あの時は下町の方から、あとからあとから人が上ってきまして、私の家では三六人お泊めしました。一、二カ月は他人様がいました。上野の西郷さんのあたりは家族を探す人でいっぱいでした。

震災はおさまってしまえばこちらは助かったと思いますから、人様をお助けするのは当たり前でした。しかし、戦災のときは明日は我が身かと思うので、あまり人

様を助ける余力がありませんでした。(二四号)

正直な意見である。鈴木さんは桜木町のお屋敷のお嬢様だった。「地震は長くとも一分慌てずに待てば収まる」といった人がいた。「谷中墓地に逃げたころには、もう崩れる石塔やお墓はみんな崩れて後は怖くなかった」とも聞いた(しかし余震はある程度続いた)。いっぽう空襲は毎日のように、米軍機が空から爆弾、焼夷弾を投下し襲ってくる。人を助ける余裕はなかった。

寺町谷中と屋敷町桜木町は隣接しているが、雰囲気の違う町である。「谷中では泥棒だといえば、どうした、とみんな出てくるが、桜木では泥棒だといえばピシャッと窓も戸も閉めてしまう」という人もいた。最近ではお屋敷も相続で細分化され、マンションや店屋もでき、古民家を再生したスペース「上野桜木あたり」などの観光化も進み、雰囲気はかなりオープンに変わってきている。

その近くには国の有形文化財建造物に登録されている市田邸がある。市田邸はもともと、日本橋の木綿問屋の別宅だった。子孫である市田春子さんは一九二六(大正一五)年からここ桜木町にいる。その市田さんに「寛永寺幼稚園は、震災の後にお坊様方が始められたものです」と聞いた。寛永寺には震災後、被災した子女のための臨時の寛永寺国民小学校が置かれたが、そのあとが幼稚園になったものである。
作家の宇野浩二も桜木町に住んでいた。

宇野浩二（桜木町）作家

私は幸にも地震からも火事からも大した被害を受けずに済んだ。実際、私たち山の手に住んでいた者は、なるほど大きくはあったがあの地震で、一日か二日の間に東京の大部分がこんなにまで荒れ果ててしまったかと、不思議な気がするということは、誰も一致して言うことである。つまり今度の事変は、地震の災害が二割で火事が八割の役目をなしたからであろう。もっとも、ある新聞の記事によると、下町の地盤の緩い軟いところでは、山の手の三倍も揺れたということである。何にしてもこういう大災を私たちくらいに軽く逃れた者は、とやかくいう資格がないとさえ思えるのである。（『震災雑感』）

宇野浩二にとっては上野桜木町は「山の手」と認識されていたことがわかる。彼は近隣の寺の住職が多く入るので「坊主湯」の異名もあった谷中の柏湯によく入っていたという。そのころ周りには尾崎一雄やサトウハチローも住んでいた。このように地盤のよい上野、本

郷の高台と、地盤の悪い下町は明暗を分けた。被害が軽微ですんだ人たちには罪障感がのこった。

上野の山をめざせ

地震当日、上野では院展や二科展の初日だったと先に書いた。

上野公園は一八七三（明治六）年、日本初の公園として誕生した。江戸時代は将軍様の菩提寺である天台宗寛永寺の境内、雪月花をめでる風雅の地として知られたが、明治時代になると「追いつけ追い越せ」の文明開化の文物の展示場、博覧会空間となった。大正に入っても明治記念博覧会（一九一三年）はじめ、数々の博覧会が震災の前まで、毎年のように行われた。

そして震災、上野公園は避難場所として多くの人命を救うことになる。人々は樹の間に幕をつるして野宿した。その数最大時五〇万人。

佐藤文樹さん（**北稲荷町**）**明治四五年生まれ**

関東大震災では上野の山へ逃げました。北稲荷町からすぐ目と鼻の先で、いつもなら十分もすればつくのに、一時間はかかりました。今上野も避難場所とかになっていますが、いざとなったとき、そこへたどりつくのはきっと大変なことですね。

地震のすぐ後に、もう火の粉が飛んできたのですが、それは東大の図書館か医学部が焼けて、その本の火の粉だといってました。私が見た火の手の最初は、たしか二長町の方でしたね。もうそれはご存知のように、上野の山は人人人で行きようありませんでした。うずくまってる者、なんとなく浅草の方を見ている者、上野駅もめちゃくちゃで、一瞬の出来事とはとても思えませんでした。（『古老がつづる3』）

渡部平八郎さん（**車坂町**）**明治三九年生まれ**

震災の時はもう十八歳でした。僕が震災でいちばん印象が深いのは避難の時の荷車のことなんです。大地震の後、向島、浅草方面から上野の山に向かってみんな避難してくるんですが、その人たちがみんな荷車に荷物を積んで来るんです。ともかくあの大通りが浅草から上野まで荷車で一杯なんです。ところが上野の方はもう人や荷物で一杯ですから、先がつかえてしまっているので動けないんです。（『古老がつづる5』）

多くの人が家財道具を持って上野駅に押しかけた

高橋藤雄さん（池之端七軒町）**大正六年生まれ、鍛冶屋**

関東大震災のときなど、学校から帰ってきて小僧さん相手にドンチッチやっていてぐらぐらっときたんです。ちょうど昼どきで、おふくろが鉄釜洗っていまして、それを持ったまま立ち上がって呆然としてたのを覚えています。

動坂にある工場が、避難する人たちに占拠されて、立退くまで困ったことがありました。家の前が避難する道程になっていて、避難者に炊き出しをやったんです。そのお礼にと、引張ってきた箱車の中から、そこらじゅう手当たり次第入れてきたんでしょう。かき回して姉にと羽子板をおいていった人がいました。

私の家の向かい側も二階家で、二階に下宿人をおいてましたが、階下には足腰立たぬ年寄りがいて、大震災では私の弟（三歳位だった）の乳母車にそのおばあさんを乗せ、おふくろと若い者で不忍池の博覧会の建物のところへ避難させ、そこは材木置場になっていまして、その上に蚊帳をつってしばらく過していました。そこからはちょうど広小路の鈴木の大時計の焼けるのがみえました。それは牛の角から炎が吹き出すようでした。そのあいだじゅう、子どもだから材木の上でとんだりはねたりしてたんです。つまり、向う三軒両隣りがまるで家族のようなのです。

不忍通りは大八車が詰まって通れなくなりまして、やがて（根津）八重垣町辺から宮永町辺までと広がってゆきました。火に追われてみんな北へ北へと逃げたのです。上野の山には幾日も幾日も、割当ての食糧を貰う列ができて、また人探しや、はぐれた子は泣きわめくなど大変でした。(『古老がつづる3』)

鈴木の大時計というのは、明治三〇年築の鈴木時計店の和洋折衷様式の時計塔のこと。三〇分ごとに時間を知らせていたという。

高橋成治さん（**金杉町**）**大正七年生まれ**

四歳ぐらいの時です。ぐらぐらっと来まして、驚いて外へとび出したんですよ。……そのうちにあちこちに煙が見えだしたんです。……そのうち、父親が「ここにいてはとても駄目だから、とりあえず上野の山へ逃げよう」ということになったんです。途中ではぐれちゃいけないというので、猿まわしの猿のように、父親が縄で私の体を結わえましてね、それから鶯谷の坂を登ったんですが、あそこから先はもう人で一ぱいでした。父親と兄貴と私の三人でまず逃げて、家財などの持ち出しもあったので、母親が後から来たんです。

一家が最初に陣取ったのは寛永寺の第二霊園だった。そこから谷中へ逃げた。

現在の天王寺の谷中墓地ですね。まだ、五重塔がある頃です。あそこで一晩明かしたことをよく覚えています。……石塔の間にころがって寝ました。水はお寺さんの井戸からもらって飲んだんです。……まだ援助などもなく、何か菓子みたいなものを食べてどうにか一晩過ごしました。翌日になって炊き出しがあるというので、父親がもらって来て食べたり、……もうその頃には区役所あたりから救護隊のようなものが来て、救援活動を始めていたんじゃないかと思うんです。

その後、三日目かに館林の叔父が大八車を引いて迎えに来てくれたんです。そのとき、私の家の前を通ったら、家は真黒に焼けて、一面焼け野が原になっていました。……

途中、春日部で映画館を借りて一泊したんです。……街道筋でも親切に食べ物や飲み物を用意して我々にすすめてくれました。（『古老がつづる5』）

四歳の高橋さんは大八車に乗せてもらったが、他の人はみな二〇里を歩いた。谷中墓地へも一時は一〇万人避難したと『下谷区史』は書いている。

上野観光連盟のサイトには、震災時について「上野公園は多くの人の命を助けたばかりでなく、一夜に70人もの赤ちゃんを無事出産させ、まさに上野公園の大活躍であった」とある。

尾根沿いに日暮里へ

〈日暮里〉九丁目は（現在の西日暮里三丁目）谷中の北側に続く高台である。

次は谷中日暮里の総鎮守、諏方神社の前に住んでいた平塚春造さんの話。平塚さんは高村光雲の片腕と言われた鋳造師平塚駒次郎の息子、桜木町に生まれ、晩年は富士見坂の上で写真のDPEを業としていた。谷根千の生き字引の一人だった。

平塚春造さん（日暮里）**明治三四年生まれ**

地震の時、ちょうど寝てた。揺れで起きたがまた寝たくらいだから、地震といってもそんなにあわてることはないですよ。ただ、寝てると谷底に落ちてくような感じがしたね。本行寺の瓦が落ちたのか、黄色い土けむりがもうもうたってすごかった。うちの鋳造工場の屋根から浅草の方を見ると十二階（凌雲閣）が燃えててね。まるでロウソクが燃えてるようでした。

あくる日、お得意さんにお見舞いに歩いたんです。通油町、今の馬喰町辺りのお得意さんのおじいさん、おばあさん、お嫁さんと子ども二人を連れて家に戻りました。他にも従兄弟や知ってる人、知らない人、五〇～六〇人もうちの工場に避難していましたかね。

上野の山下辺りを歩いていた時、上り口で三人くらい死んでいたのを見かけました。私はあの頃写真機を持っていましたけど、罹災した人の写真を撮る勇気はありませんでしたね。（二四号）

経王寺（**日暮里駅前高台**）

大正の大震災で本堂とつながっていた大黒堂だけが前のめりに潰れてしまい、山門を入って右の茶畑のあとにお堂を建て直して御厨子と大黒天を移しました。完成した大正一四年には一週間、盛大なお祭りをしたのです。（二六号）

経王寺は土地の豪族冠《かんむり》家が寄進したお寺で、住職も冠さんといった。山門は江戸時代のもので、中に入って扉を閉めた彰義隊を新政府軍が外から撃った弾のあとがいくつも見られる。

横山庄右エ門さん（日暮里町）**明治三七年生まれ**

日暮里駅が出来たのが明治三八年四月一日です。うちは私で四代目です。私が人生で出会った天災というと、明治四三年の大水と、震災と戦災ですね。大水のことは六つか七つでよく覚えていませんが、床上六寸くらい水が上がりました。おへっつぃの周りに金魚が入ってきたのをすくった覚えがあります。

震災では家が残ったので、市内にいた人がうちに大勢入ってきましたね。農家をやっていたのは昭和七年くらいまでじゃなかったかな。結局、私たち兄弟はみな勤め人になりました。戦災の時、この辺りはだいたい焼けてね、当日は谷中の天王寺に逃げて、それからお袋の里の足立に逃げました。それから蔵を一カ月くらいして開けて、そこに住んでいたんです。（三二号）

おへっついとはかまどのこと。横山さんはもとは農家だった。日暮里の低地は大正時代はまだ農村で、谷中ショウガや水菜を作っていた。蔵は火事で焼けなかった場合でも、すぐに開けてはいけないと言われていた。中が高温になっていれば自然発火する可能性があるからである。

田端文士村

日暮里の先の〈田端〉は東京府下の郊外であった。そこには当時多くの文人、芸術家が暮らしていた。室生犀星もここの住民。発災当日、市外田端五二三番地に居住。妻はお産で駿河台の病院にいた。犀星の日記から拾ってみる。

室生犀星（田端）**明治二二年生まれ、詩人、作家**

九月一日

地震来る、同時に夢中にて駿台なる妻子を思う。――神明町に出で甥とともに折柄に走り来る自動車を停《と》め、団子坂まで行く、非常線ありて、已《や》むなく引き返す。とき一時半也。

家内一同ポプラ倶楽部に避難す、芥川君、渡辺庫輔君に見舞わる（「震災日録」）。

ポプラ倶楽部は、田端の文化人がみんなで作った懇親の場で、ポプラを植え、テニスコートがあり、将棋なども出来るようになっていた。当時、詩人の平木二六《じろう》が番人をしていたが、そこに日暮里渡辺町の画家藤井浩祐が十何人を連れて避難し、木村武山《ぶざん》も避難したという。今の北区立田端保育園のところである（近藤富枝『田端文士村』）。このあたりの風景は区画整理によって激変した。室生犀星はどう動いたか。

二日

早朝、お隣りの秋山、百田、甥、車やさんの五人づれにて上野公園を捜す。——満山の避難民煮え返るごとし。正午近く美術協會に避難中の妻と子と合う。妻は予が迎え遅き為死にしにあらざりしかと云う。……

地震の瞬間は夢中だった。午後過ぎになってやっと恐さが数倍した。一日より二日がなお怖かった。何も彼もおしまいのような気がした。へいぜいからこんな恐ろしいものが来そうな気がしていたのが、結局これだなと思った。——ポプラ倶楽部のポプラを黒く染めあげた火の空を見ながら、何故か文芸で衣食して来たことが顧《ふり》かえられた。……何だか一晩中誰かに意見されているような気がした。全く誰だってあの時は意見されたり叱られたりしているような気がしたろう。（「小言」）

美術協会は、今の上野の森美術館のあたりにあった。

芥川龍之介は、当時、田端高台四三六番地に二〇〇坪の家を持ち、養父母と伯母、妻と三人の子、八人家族を筆一本で養っていた。

芥川龍之介（田端）**明治二五年生まれ、作家**

午《ひる》ごろ茶の間にパンと牛乳を喫《きっ》し了《おわ》り、将《まさ》に茶を飲まんとすれば、忽ち大震の来るあり。母と共に屋外に出ず。妻は二階に眠れる多加志を救いに去り、伯母は又梯《はし》子段《ごだん》のもとに立ちつつ、妻と多加志とを呼んでやまず、……父と屋《おく》の内外を見れば、被害は屋瓦の墜《お》ちたると石燈籠《いしどうろう》の倒れたるのみ。……

夜また円月堂の月見橋のほとりに至れば、東京の火災いよいよ猛に、一望大いなる熔鉱炉を見るが如し。田端、日暮里、渡辺町等の人人、路上に椅子を据え畳を敷き、屋外に眠らんとするもの少らず。（「大震日録」）

地震発生とともに養母と自分だけ庭に飛び出したので、妻に「あなた、子どもを助けないんですか」となじられている。長男の比呂志は養父の道章が連れて出てきた。芥川家で

は屋根瓦が落ちて、石燈籠が倒れただけの被害ですんだ。

地震後、田端の町会東台倶楽部では自警団を組織し、まず道路に梯子をわたして、関所を設けようと提案したのは芥川龍之介であった。自分も参加し、当番の日には道ばたに籐椅子を持ち出し、ごろりと寝そべって、「雨月物語」だの幽霊話をするので人気があった。芥川は雨の日には「平家物語じゃないがこんな日には夜襲があるかもしれぬ」と脅かした。芥川も流言飛語をいったんは信じたのかもしれない。

「そりゃあなた、お国者《くにもの》はみんな帰ってしまうでしょう。――」

野口君は言下にこう云った。

「その代りに江戸っ児《こ》だけは残りますよ。」

僕はこの言葉を聞いた時に、ちょいと或《ある》心強さを感じた。それは君の服装の為か、空を濁らせた煙の為か、或は又僕自身も大地震に怯《おび》えてゐた為か、その辺の消息ははっきりしない。しかしとにかくその瞬間、僕も何か愛郷心に似た、勇ましい気のしたのは事実である。やはり僕の心の底にはいくぶんか僕の軽蔑していた江戸っ児の感情が残っているらしい。（「大震日録」）

同じく震災のときに田端に住んでいたのが新内の岡本文弥。戦後一九九六（平成八）年に亡くなるまで、谷中に住んでいた岡本文弥は一八九五（明治二八）年谷中上三崎南町生まれで、アナキストの伊藤野枝と同い年だったことになる。私よりは六〇歳近く年上だった。父は笹子トンネルの仕事師、母は鶴賀若吉という新内語り。京華中学を出たあと、文光堂『秀才文壇』や『おとぎの世界』の編集者となり、夜は母と二丁三味線で花柳界を流して歩いた。

岡本文弥（田端）明治二八年生まれ、新内語り

ちょうど大震災の時、大正一二年九月一日、あたしはたまたま湯島のお袋の家に行ってました。死んだせつ子が養女のような形でおりまして、あたしが腰が痛いというと背中をもんでくれたりしてるときにドドーッと地震が来ましてね。三人で箪笥の前で縮こまっていました。

これは大きいよ、と窓の外に米問屋の石川さんが来ていい、せつ子が窓を開けて突然ゲラゲラ笑います。先の桜湯から男たちが裸でバラバラと出てくるんですから。湯島の辺は岩崎さんの邸のおかげで焼け残ったとか。

あのとき焼けた連中は、焼けなかった町の無事なうちの前を通るときは悪態をついてきましたよ。その気持ちはわかりますよ。根津なんかぺちゃんこのうちがあった。……

父の仕事先の山梨から帰ってきて住んだのは本所の大川端でした。そのときの開発小学校の先生方は一人残らず関東大震災で死んでしまいました。クラスメートもかなり死んだと思いますが。……

そのころは田端でお袋の許さない相手、児童文学作家の小森多慶子とくらしていました。小森は震災の翌年に肺結核で死んでしまった。大震災の後は食えないんで、金沢あたりの郭に流しで出ていたことがありますよ。（四〇号、拙著『長生きも芸のうち』）

夜八時、上野駅では避難してきた数千人を赤羽駅に輸送。これ以降、列車の運転がとだえる。

この日、大阪では号外が出された。「一日午前十一時五十九分二十三《ママ》秒から地震あり。名古屋以西は無事。電信電話ほとんど不通」。

第2章

一夜が明けて、九月二日

九月二日、発災翌日

翌日の九月二日は日曜日。官庁や警察などの職員は家に帰っていた。深夜〇時、隅田川沿いの蔵前の高等工業学校より出火した火流は、風速二〇メートルの強風に煽られ、またたく間に燃え広がる。この強風は時々火の向きを変えた。本所被服廠あとでは避難民の荷物に火がつき三万八〇〇〇人余が焼死。その場にいた人の証言によれば、竜巻が起きて人が巻かれて空を飛んだという。

火は浅草区を焼き切って、下谷区に侵入。火の一流は小島町、竹町、向柳原で二日午前九時に熄《や》む。もう一流は入谷万年町、上野警察、仲御徒町へと迫る。余震やまず。一〇時五〇分、一四時一〇分、一八時三〇分がことに強震。

午前、いったん消火した上野松坂屋が再び燃え上り、猛火につつまれる。『松坂屋百年史』によれば、焼失は二日の夜とある。「被害総額は、店舗・什器などが53万8000円、商品焼失が191万8000円、その他を合わせて約248万円であった。この金額は前年の松坂屋全店の売上高2146万円の1割強に相当した」。

上野広小路ではほかにも日活、帝国博品館が二日目に焼けた。火事は多くの人が見ている。

石塚きよさん（**南稲荷町**）**大正二年生まれ**

関東大震災のとき、私は十歳でしたが、上野の山へ逃げる途中も、突風が吹き荒れ、一間位の大きさのトタンが飛んでくるんですよ。親とはぐれて、同窓の男の子と西郷さんの銅像のところの階段下で、松坂屋が燃えているのを眺めていました。親を探そうと、山をいったりきたり、人でぎっしりの間を抜けて、おきざりになっている荷車の上にのって探してみました。……

松坂屋の前に市電が止まっていて、電車の中で休んでいると、一緒にいる人たちがかわいそうだからと、ゆで卵やこまかく割れたせんべいくずや、お金などくれるのです。お金をもらって二人でどうしようか、これから先パン一個ずつたべて過ごそうかなど考えました。……

……やっと叔父と連絡がつき、家族が日暮里に無事でいるのがわかりました。一緒にいた男の子も、それらから家族がわかったのです。（『古老がつづる3』）

このようなレベッカ・ソルニットがいうところの「災害ユートピア」ともいえる人情話は多い。被害のない町では避難者に水やおにぎりを配り、金持ちは広い庭を開放した。山上の西郷銅像は、行方不明の家族を探す貼り紙で一杯になった。「自分は無事、どこそこにいる」と書いて貼ったのである。当時はスマホもない、電話も不通。家族が離ればなれになってしまうと、容易に連絡が取れなかった。次の岡崎さんは田端から根岸に向かって歩いている。

岡崎平次郎さん（根岸）**明治三五年生まれ**

ガタッと来た時ね、私は田端の仁王様、あそこにいってたんですよ。あの大きな仁王様がね、ガタガタ動きやがったよ。それでね家まで歩いて帰ったら、おやじにどこいってたんだ、このやろってどなられて。諏訪（方）の境内から見たらね、もう十二階が上から三分の一ぐらいのとこだな、折れて燃えてました。それで、浅草の方も燃えてる。その火を見ながら帰ってきましたけどね。谷中の墓地の石塔なんか全部ぶっ倒れてましたね。……

三河島の方から火が出てきて、それが南千住の方へ向かってた。その後風が変

わって、上野方向に向かったんです。それも一端止まったが火が残ってたのか、松坂屋からまた始まって、それからずっと焼いてきた。それで上野駅も焼けちゃった。それが下車坂の鉄道官舎のところにきてやっと止まったんですよ。(『古老がつづる1』)

岡崎家は根岸にあり、二日の晩に憲兵が来て「火は消えたから安心せい」と触れ回ったという。同じく根岸から。

草場八重子さん(根岸)

ちょうど家の前で近所の子どもたちとままごと遊びをしていました。数日前の三ノ輪のお地蔵様の縁日で父に買ってもらったばかりの「お勝手道具」です。

突然グラッときて近所中大騒ぎとなり、大人たちは七輪に水をかけ、子どもたちをひとまず家の中に抱え込みました。母も三歳の私を抱えて箪笥の前にうずくまっていたそうですが、地震がだんだん大きくなり、台所の壁がはがれて倒れてきたので、やっと帰った父も一緒に近くのお寺へ行きました。本堂も境内も人と荷物でいっぱいで、居場所もない有様だったそうです。そのうち、お寺の端の建物にどこからか火がうつり、危険な状態になったので、誰いうともなく上野の山がいいと、山へ向いました。

上野の山も騒然としていて、人々は右往左往し、叫び声や泣き声で、恐ろしい夜になったそうです。そのうち、「井戸水には毒が入っているから飲むな」とふれ歩く声、山の下の方は一面まっ赤に燃えていて、どこまでも火の手が続いているようだったとか。

翌日、近所の人達と自宅の焼け跡へ行ってみて、まるで何もかも燃えてしまった事に驚き、あらためて、大地震の恐ろしさを身にしみて感じたとか。ただ不思議だったのは、小さい物だったからか、あのままごとの窯はそのままになっており、私はそれを背負われている肩越しに見つけ、持っていくとせがみ、持ったらまだ火事の熱で熱かったのをなぜか憶えています。

また在郷軍人がおむすびを配っていて、大人一人に一つというのを私の分も頼んでもらった事、上野ではそれぞれ近くの知人や親戚を頼って散ってゆきましたが、頼る所がない人達はしばらくテント暮らしだったそうです。私達は田端で旅館をやっていた伯母の家にひとまず落着き、母はその月末に出産したのでしばらく住んでいたのでしょう。

母は逃げる時、あわてて台所にあった空のおひつ大小を重ね、その中に水の入った鉄びんを入れて大事に抱えて逃げたそうで、それ等はその後もずいぶん重宝しましたが、震災の話になるとその事を話題にして大笑いされたそうです。（二四号）

根岸、坂本、金杉などは割に焼け残った。それは隣の市外北豊島郡日暮里消防組がガソリンポンプ車で応援に駆けつけたからである。ここは東京市と市外の接するところで、日暮里の人たちはすぐ隣町の火を消しにきたのである。そうしなければ自分の町も燃えてしまうからだ。それで、根岸あたりは震災前の東京の面影を残す町になっている。作家の近藤富枝は私の母の姉。一歳で日本橋から火の手を逃れている。

近藤富枝（日本橋から田端）**大正一一年生まれ**

筆者の生家は、日本橋矢の倉一番地で袋物問屋を営み水島商店といった。家族は祖父母をはじめ私まで十人、ほかに番頭、ばあや、小僧、女中などおよそ三十人近くはいたであろう。このとき自転車で田端の別荘のようすを見にいってきた小僧が、無事であることを、午後四時頃帰店して報告したので、上野公園の西郷さんの銅像の下で落ちあう約束で、それぞれ避難をはじめた。すでにあちこちに火の手が上っていた。ちょうど誕生を迎えた私を負って、母はまっさきに逃げ出したらしい。彼女が出がけに店を振りかえったとき、姑はいかにも残り惜しそうに、店がまちに坐りこんで動かず、舅も貴重品の整理に夢中であり、夫もまだ店の者に指図を何かしていた。母の実家の青柳家は神田福田町の機械商で、これが先に火の手に追われ、荷もつを持って一家が矢の倉町へやってきていたのだ。水島商店には、三階建の設備のよい火災などでもビクともしない蔵があったので、それが魅力だったのである。

母と私は青柳一家と逃げ出したが、どうしたことか約束の上野へはいかず、日比谷公園で二夜をすごし、田端へたどりついたのは九月三日だった。他の家族はとうに到着していたのだから、母子が焼死したと考えられたのも当然だったろう。(『田端文士村』)

近藤富枝の妹、私の母は、一九二九(昭和四)年に田端の隠居所で生まれ、そのまま浅草の子のない歯科医にもらわれた。なぜなら大正一二年の震災で日本橋の水島商店は焼け、昭和二年の恐慌、四年の世界恐慌を小さな商家は乗りきれなかった。やがて両親は離婚、一家は離散ということになった。震災がきっかけで一家の運命が変わった例は多い。

火事とそこから避難してくる人々の様子は地球物理学者、寺田寅彦も記している。

寺田寅彦

（九月二日）夕方に駒込の通りへ出て見ると、避難者の群が陸続と滝野川の方へ流れて行く。表通りの店屋などでも荷物を纏《まと》めて立退《たちのき》用意をしている。帰ってみると、近所でも家を引払ったのがあるという。上野方面の火事がこの辺まで焼けて来ようとは思われなかったが万一の場合の避難の心構えだけはした。……

（九月三日）朝九時頃から長男を板橋へやり、三代吉《みよきち》を頼んで白米、野菜、塩などを送らせるようにする。自分は大学へ出かけた。追分の通りの片側を田舎へ避難する人が引切りなしに通った。反対の側はまだ避難していた人が帰って来るのや、田舎から入り込んで来るのが反対の流れをなしている。呑気《のんき》そうな顔をしている人もあるが見ただけでずいぶん悲惨な感じのする人もある。……

帰りに追分辺でミルクの缶やせんべい、ビスケットなど買った。焼けた区域に接近した方面のあらゆる食料品屋の店先はからっぽになっていた。そうした食料品の欠乏が漸次に波及して行く様が歴然とわかった。帰ってから用心に鰹節《かつおぶし》、梅干、缶詰、片栗粉などを近所へ買いにやる。何だか悪い事をするような気がするが、二十余人の口を託されているのだからやむを得ないと思った。午後四時にはもう三代吉の父親の辰五郎が白米、薩摩芋《さつまいも》、大根、茄子《なす》、醤油、砂糖など車に積んで持って来たので少し安心する事が出来た。しかしまたこの場合に、台所から一車もの食料品を持込むのはかなり気の引けることであった。(『震災日記』)

この二日の日記に出てくる「駒込の通り」が本郷通りだとすると、「追分の通り」は旧中山道、今の国道一七号線であろう。寺田寅彦は遠くでなく、近くの板橋志村あたりに別荘を持っていた。当時はまだ農村であり、奇しくも地震への備えとなった。地付きの農家の親子が管理をし、天災が起きたときに食料を届けてくれた。寺田は生涯、二人の妻に死に別れ、このときの妻は三番目のしん。寺田はさっそく関東大震災調査に乗り出す。繰り返し、地震に備えるように随筆に書き、一九三五年に五七歳で没した。

二日になると「朝鮮人の放火だ」「井戸に毒を投げ込んでいるから飲むな」のデマ広がる。このデマは内務省などによって各所に伝達される。民衆は恐怖にかられ、自警団を組織。警察、在郷軍人会、消防団とともに朝鮮人迫害を始める。

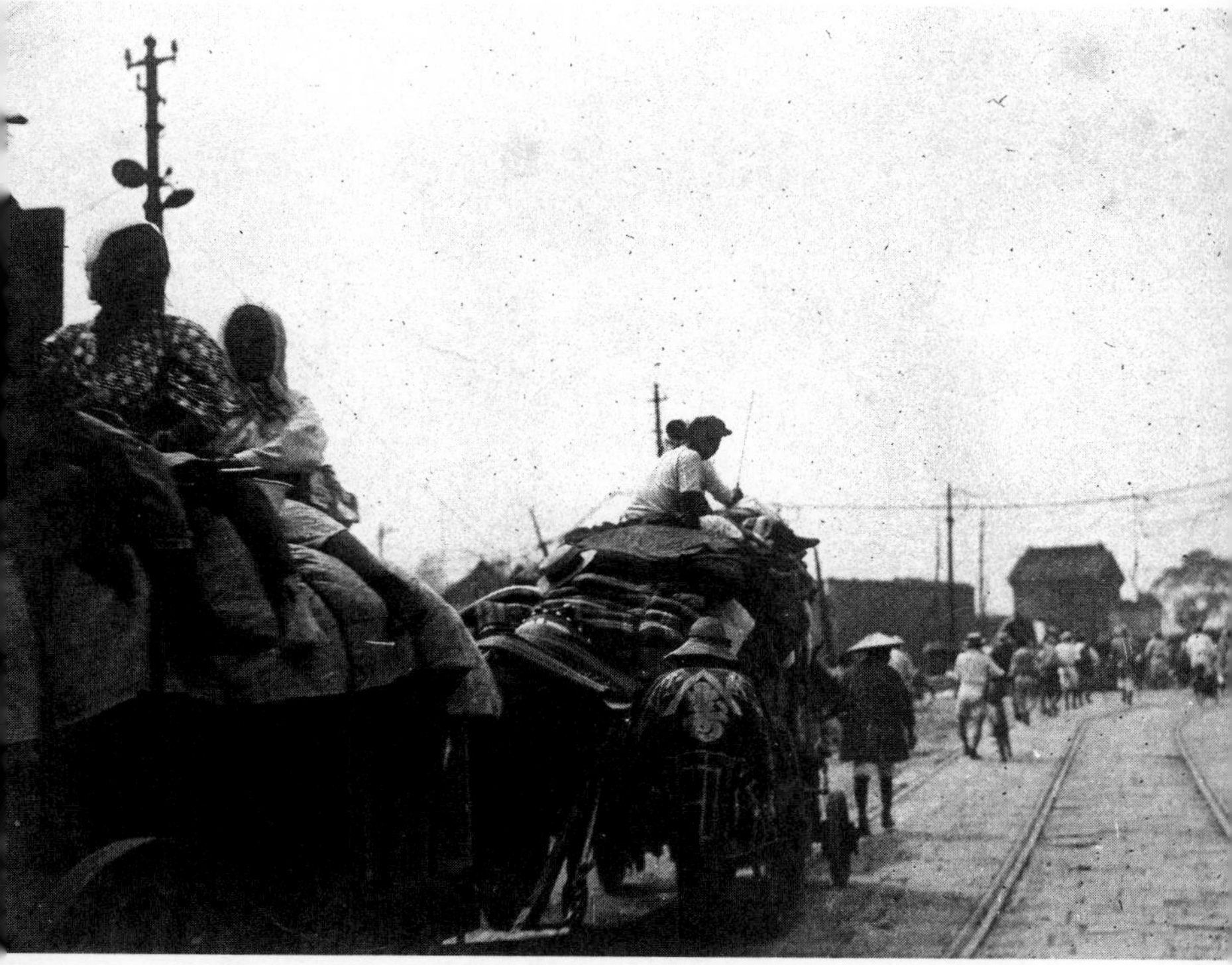

９月４日のことだが本郷通りを避難する人々の記録が残る。列は延々と続く

自警団

平塚春造さん（日暮里）前掲

自警団？　ありました。四つ角を通り抜ける人は一々検問し、三度尋ねても答えなければ殺してもいいことになっていた。親父の弟子で、どもる人がいて、つかまりそうになりました。

そういえば、諏方神社の境内には昔、田村、いげたや、庄塚という三軒の掛け茶屋があり、明治時代の正岡子規などの歌にも出てきますが、これは失対事業というか、夫を亡くした後家さんにやらせていたものです。ところが震災後、店の権利を売り買いするようになって、そのうちに絶えてしまいました。（一二四号ほか）

難波田《なんば たた》龍起《たつおき》（林町）明治三八年生まれ、画家

人生でいちばん影響を受けたのは高村光太郎さんですね。その後あれほどの人に会いません。僕は家が幕臣、父は軍人で、千駄木町五〇番地で育ちました。姉が弁護士と結婚して林町の二五番地に住んでいたが、その後不忍池の方に越したので、僕が代わりにそこに越したんです。奥は根津の芙蓉館という映画館の経営者、大畑さんの土地で、隣が路地を挟んで高村光太郎さんだった。久留米絣の筒袖を来て、鳥打ち帽をかむった高村さんがポストに手紙を出しに行くのは子どもの頃から見ていたんですが、口をきくようになったのは、関東大震災で自警団が出来たとき。僕は早稲田の高等学院に入った年で、自警団の夜警であいさつをしたのがきっかけで、そのあと詩を見てもらうようになりました。（五一号）

難波田さんは二二歳から絵をはじめ、のちに抽象画の大家となった。高村光太郎のことを話していただいたあと、スタッフの1DKのアパートにも気さくに寄ってくださった。再び、桜木町の宇野浩二。彼は自警団として上野公園にまで警戒に出向いた。上野の森は真っ暗だった。

宇野浩二

「誰だ！」と真に破れ鐘のような声が、私の前で叫んだ。それは無論決して巡査などの持っている声ではなかった。兵隊でなければ、外の誰もが斯ういう声を持っていなかった。そして声と共に、私の目の前へ剣つき鉄砲の尖《さき》が突き出されていた。

その時の私の驚きは先の銃声の時の何層倍だったろう。だが、幸いな事に、私自身が不思議だったほど、それに対する答が落着いていた。

「桜木町の警戒の者です、」私はいつも興奮すると出るところの表面だけは妙に落着いて聞える声で答えたのだ。そこへ他の仲間の警戒員たちが弁解に来てくれた、――と斯ういう笑い話である。(『夜警』)

この暗闇の恐怖はたとえようもないものだったろう。

避難民、陸続として下町方面より不忍池で一息つき、上野の山へ。さらに谷中墓地、飛鳥山へと逃げる。また不忍通りを通り染井墓地へ、本郷台へ。被害の少なかった谷中、根津、千駄木あたりの人々は避難民に水をふるまう。町の住民は炊き出しを行い、避難者一人一人におにぎりや水を配給、上野の山では軍用パンの配給が行われていたという。

被害の少なかった本郷区内に一二万人以上の避難者殺到。蓬萊町三〇五八人、千駄木町六五九一人、坂下町四〇〇〇人、林町五三〇〇人、動坂町七五〇〇人、神明町七三〇〇人、根津宮永町九〇〇〇人、八重垣町一五〇〇人、弥生町一〇〇〇人、清水町三五一人、須賀町一〇〇〇人、西須賀町二三〇〇人、根津片町九九三六人、藍染町六五〇人……帝大七〇

〇〇人、一高五〇〇〇人、岩崎邸五〇〇〇人、浅野邸四〇〇〇人、前田邸三〇〇〇人、根津権現五〇〇人……と『本郷区史』には記されている。

二日、一五時　臨時首相、内田康哉が、「臨時震災救護事務局」を設置。関係各省の次官、社会局長官、警視総監、東京府知事、東京市長らを参加させる。

水野内務大臣、東京に戒厳令を布く。これは国会や閣議を通さず、伊東巳代治《いとうみよじ》枢密院顧問官、浜尾新《はまおあらた》同副議長、清浦奎吾《きようらけいご》同議長の口頭了解により、陸軍に出動要請。関東戒厳司令部が置かれ福田雅太郎大将を司令官に任命。

一七時　山本権兵衛新内閣成立。非常徴発令を公布して食糧品、飲料、燃料、家屋の徴発を始める。上野駅焼ける。料亭常盤花壇《ときわかだん》に猛火迫る。上野警察の警官は群衆を誘導しようとしたが、人々は搬出家財に執着して耳を貸さず、池之端七軒町署員の応対を得、強制的に谷中、田端方面に誘導。

一八時　品川署「管内仙台坂方面に約二百名の鮮人白刃をかざして掠奪しつつあり」との情報を受け調査。これはまったくのデマと分かった。

この日、同じく焼けていない谷中署管内に収容した罹災者、八二カ所三万五〇〇〇名。

九月三日朝、池之端焼ける

『下谷区史』は、当時の区民は約一九万二五〇〇人、「区内町民の多数は上野公園に避難した」と記している。さて、上野広小路あたりに住み震災当日、釣りに行った人がいる。

柳沢昌一さん（**上野広小路**）**明治四五年生まれ**

うちの父は深川生れの商人で、母は上野広小路で髪結いをやってたんだ。鳥鍋、山下、清涼亭、世界、ああいうところの仲居さんの頭は銀杏返しと決まってたし、池之端仲町の芸者衆もお得意さんで、朝四時起きしても間に合わないくらい忙しかった。

で、震災の当日。私は一二歳。黒門小学校から帰ってきて、二歳の弟をしょってブラブラ遊びに出かけたら、ドカーンときた。下駄なんかはいていられなくって、ぬいで後ろに回した手に持った。角のおせんべやで飴だの菓子だののごろごろ散らばったけど、とても拾う余裕なんてない。市電は止る、自動車は止る、隣の屋根瓦はバラバラ落ちてきて、こわくてうちに入れない、でも、まず弟を連れ、妹の手を

上野の山から見た下谷浅草方面。上野駅の外壁のほかは一面の焼け野原

ひっぱって、鉄道を高架にするんで空いてた線路の上に避難した。ところがオヤジが帰ってこない。この日の朝、釣りにいったの。「一日一五日に殺《せっ》生《しょう》なんかするもんじゃない」とオフクロが言うのを振り切って「約束だから」と行ったんだな。それが夕方六時ごろ、「水をくれ」ってハアハアしながら上野に帰ってきた。なんでも中川あたりで船を出して釣りしてたら、ズドーンと揺れたんで「船頭さん、杭の上に乗っちまったんじゃねえか」と聞いたがどうもちがう。そこで土手の人に「オーイ、何かあったのか」と聞いたら、「バカヤロー、大地震あったの知らねえのか」というので、こりゃ大変だとやっとこ吾妻《あづま》橋の対岸、向島あたりで船から下りたけど、橋が落っこちて渡れない。下へ下へといって永代橋あたりを渡り、日本橋、万世橋と焼けてる中をかいくぐってきたってんです。(二四号)

いかにも江戸っ子の語り口だ。昔、一日一五日は新月と満月、神様の日ということで、神棚を清め、身を慎んで暮らした。沖縄では「ひぬかん」、火の神様の日として大事にされている。だからこの人の母は夫に「一日一五日には釣りなんかで殺生をするな」と言ったのである。

お父さんがのんきに釣りに行っていた柳沢さんの話の続き。家族は上野にいた。

柳沢昌一さんの話の続き

そのとき、家の連中は避難する準備をしてたのに、親父ときたら「ここは大丈夫だ、荷物を片づけろ」というんで、出した荷物をしまい込んだら、だんだん焼けてきてね。上野が焼けたのは三日の朝ですよ。

とにかくああいうときは竜巻が起きて、それがバタンと倒れると次のところをなめるように燃えひろがっていく。火が近くなって二日の夜暗くなってから、僕ら子どもは学校の道具だけもって上野の山の竹ノ台へ避難した。要領のいい人は家財道具を大八車に積んでやってくるけど、これがいけない。

本所被服廠であんなに死んだのも、みんな家財道具をもち出して荷車でくるんで、逃げようにも身動きできなくなる。そのうちそれをおっぽって逃げようとするんで、消防車なんぞ通れるわけはない。落ちつけば何でも買えるんだから、地震のときは大荷物を持っちゃいけません。（二四号）

役に立つ経験談だ。大地震当日にのんきに釣りをしていた下町の旦那。どうにか家まで逃げ帰った。が、生来のんきで、逃げなくてよいと言う。家長の言に従わざるをえなかった家族は、近づく猛火に慌てて避難した。

星野平次郎さん（**池之端仲町**）**明治三五年生まれ**

うちは寛政一一年（一七九九）から、池之端仲町二八番地でつげ櫛を商っております。池之端仲町は江戸時代はいまでいう銀座みたいなもので、参勤交代の武士が国元に帰るときに母や妹にお土産につげ櫛を買うとか。根津に遊郭があったときはお女郎の髪結いさんがごひいきでした。池に面しては上野の花街で、料亭や待合が並んでいました。私で五代目です。……

焼けたのは九月三日の明け方です。まさか焼けると思わないから、地震の直後に田端の隠居所から、手代がわざわざ仲町の蔵まで荷を運び込んだんですよ。蔵の屋根が地震でやられたので、むしろ雨露をしのぐ方を心配してトタン屋根を買いにやらせたくらいです。

火元は日本橋本町の薬問屋の密集するあたりね。あそこから万世橋、末広町、と延焼してきた。みんなで黒門小学校に集まって、バケツリレーでいったんは消し止めたんです。一方、浅草の方からも火が伸びてきて、いったん松坂屋で食い止めたが、また風月堂あたりから火が出て雲行きがあやしい。

馬の引く消防隊はみんな岩崎邸の方へ出払っていた。火の向きが変わってうちももうダメだと観念して、もう根津なんて狭くて通り抜けるどころじゃない。岩崎さんもお得意でしたから、どうにか中を通らせてもらって、本郷から上富士回りで田端の隠居所までたどり着きました。池之端の店は丸焼けでした。震災後は一時、桜木町の藤沢医院の並びに仮越しましたね。（二七号）

星野さんは『古老がつづる2』でも「震災は、九月一日昼どきで、そのとき家では精進揚げをしていてね。壁土がちょうどきな粉みたいになっちゃった。ほこりはかなりすごかったが、それでいてつぶれる家はなかったんです」と語っている。

なぜ近くに不忍池があるのに、そこに避難せずに田端まで逃げたのだろう、とお話を聞いて思った。店はやられたが、星野さんの川島屋は震災直後、あっという間にバラックを建て、引き続く昭和天皇即位、それから六〇年以上後の平成の天皇即位の大典でも櫛を納めた。お話をうかがった頃は小石川に越され、娘さんは一中節の都一いきさん（重要無形文化財）。

おなじく池之端仲町の薬舗宝丹一三代目の話を聞こう。

守田敬太郎さん（**池之端仲町**）

なんと言っても上野は山と池ですよ。池之端仲町も風雅ないい町だったんですが、すっかり飲み屋と風俗になってしまいました。私は第一幼稚園から誠之小学校に通って、帰りは東大で摘み草をして、無縁坂を降り、池の中の観月橋を渡って帰ってきました。大正一二年の震災ではまさか、ここまで火が来るとは思わず、焼けたときはびっくりしました。一二代目の父が九〇まで元気でいてくれたので、私は会社を定年で辞めてから実家を継いだようなわけです。（三〇号）

石井英子さん（**池之端仲町**）**明治四三年生まれ、本牧亭主人**

震災はあたくしが女学校に入った年でした。夏休み明けでしたけれど、ちょうど九月一日は始業式の日だったから早かったんです。家に帰って昼ご飯を食べている時でした。

うちは間口を広くしてありますし、建築もしっかりしていたのか、瓦一枚も落ちず、なんともなかったんですよね。

学校は早く焼けてしまったんですが、うちの方は一日には焼けなかったんです。そしたらうちの二階が客席で広いものですから、みなさんが避難してきて一杯になっちゃったんです。みんな土足で上がっちゃったものですから汚れちゃって。あくる日はすっかり掃除をしてきれいにしたんです。それから私は二日目に本郷の方へ避難していました。そしたら三日目になってね、松坂屋さんの前に山崎屋さんて大きい油屋さんがありまして、そこに火が入ってしまいましてね。あの辺は全部焼け残っていたんですが、その火で一なめになっちゃったんです。

それで、うちもその時になって全焼してしまいました。それでも不思議に今の仲町の宝丹のあたりや黒門町の一部はちょこちょこと焼け残ったんですよ。

震災後はもとの鈴本を映画館「鈴本キネマ」にしまして、中央通りちょうど向かい側に寄席の鈴本亭を再建したんです。（『古老がつづる6』）

石井英子さんの曾祖父が安政年間に「軍談本牧亭」を開き、一八七六（明治九）年に色物席「鈴本」に替わり、祖父竜助、父鈴木孝一郎と続けた。戦後、石井さんの甥が「鈴本」を引き継ぎ、石井さんは父と一緒に講談本牧亭を再興した。岡本文弥さんの独演会などを聞きに最後の頃通ったが、ロビーにいらした英子さんの凛とした着物姿が忘れられない。

ほかにも池之端仲町には櫛の十三や、組紐の道明、鰻の伊豆榮、着物の小池屋などの老舗があったが、居酒屋や風俗が増え、かつての町の品格がなくなってきたことを星野さんも守田さんも憂えていた。

たまに「関東大震災の時は三日三晩燃え続けた」と書いてある本があるが、これは間違いである。火は三日の朝には消えたので、二日弱である。『本郷区史』によると、いちばん避難民が多かったのは、上野公園の約五〇万人、続いて皇居前広場三〇万人、芝公園五万人、靖国神社五万人、明治神宮外苑三万人などである。ただし、上野公園には二日に上野駅から西郷銅像近くの料亭常盤花壇に火が迫り、さらに山の手方面に移動する避難民も多く見られた。これは多くの人の証言が重なる。

林芙美子

根津神社の野宿

震災時に根津で遭遇したのが、林芙美子である。当時一九歳。独り暮らしの下宿を出て、根津神社境内で野宿した。九月二日の話。


今日も亦あの雲だ。

むくむくと湧き上る雲の流れを私は昼の蚊帳の中から眺めていた。

今日こそ十二社に歩いて行こう——そうしてお父さんやお母さんの様子を見てこなくちゃあ……私はお隣りの信玄袋に凭れている大学生に声を掛けた。

「新宿まで行くんですが、大丈夫でしょうかね。」

「まだ電車も自動車もありませんよ。」

「勿論歩いて行くんですよ。」

此青年は沈黙《だま》って無気味な雲を見ていた。

「貴方はいつまで野宿をなさるおつもりですか?」

「さあ、此広場の人達がタイキャクするまで、僕は原始にかえったようで、とても面白いんです。」

チェッ生噛りの哲学者メ。

「御両親のところで、当分落ちつくんですか……。」

「私の両親なんて、私と同様に貧乏で間借りですから、長くは居ませんよ。十二社の方は焼けてやしないでしょうね。」

「さあ、郊外は自警団が大変だそうですね。」

「でも行って来ましょう。」

青年は土に突きさした洋傘《こうもり》を取って、クルクルまわしながら、雲の間から、霧のように降りて来る灰をはらった。

私は四畳半の蚊帳をたたむと、崩れかけた下宿へ走った。宿の人達は、ゴソゴソ荷物を片づけていた。

「林さん大丈夫ですか、一人で……。」

皆が心配してくれるのを振りきって、私は木綿の風呂敷を一枚持って、モウモウとした道へ出た。

根津の電車通りは、みみずのようにかぼそく野宿の群がつらなっていた。（『放浪記』第二部、改造社版）

震災直後の根津が詳細に生き生きと語られる。林芙美子は一九〇三（明治三六）年に門司で生まれ、父とは同居せず、母と母のずっと年下の愛人と三人で九州を行商して歩いた。学校も転々とし、神社の境内でバナナのたたき売りもした。旅暮らしにはなれている。

一九二二（大正一一）年、尾道の女学校を卒業し、「島の男」を追って、一九歳で上京。帯封書き、株屋の事務員、露天商などをした。男と別れた後、根津の二階の二畳に一人で下宿していた時に震災に遭遇。そのころ母と義父は新宿十二社に間借りしており、歩いて訪ねていく。「昨夜間代を払わなかった事を何かキセキのように思える」。芙美子は当時三〇円の月給取りだった。途中、米を二升、「朝日」の煙草を五つ、干しうどんのくずを五〇銭、買って十二社に夕方に着いた。父母は入れ違いでいなかった。「本郷から、大変でしたね……」と床屋のおかみさんは広場に寝床を作ってくれた。

翌朝、再び根津に向けて歩き始めるも、足が音《ね》をあげて、「乗っけてくれませんかッ」と芙美子はヒッチハイク。根津神社には義父がいた。

「入れ違いじゃったそうなのう……。」もう二人共涙である。

「いつ来た！　御飯たべた！　お母さんは……。」

矢つぎ早やの私の言葉に、父は、昨夜朝鮮人と間違えられながらやっと来たら入れ違いだった事や、帰えれないので、学生さんと話しあかした事など物語った。

そこに「産婆さんはお出になりませんかッ」という声が響く。


芙美子はその後、灘の酒造家の「お取引先きに限り、酒荷船に大阪まで無料にてお乗せいたします」という新聞広告を見て「これだ！」と飛びつき、芝浦から無理やり乗せてもらって四国に帰る。何という生活力、離れ業。

翌年、再び上京、セルロイド工場の女工、毛糸店の売り子、区役所前の代書屋に勤めながら、詩人を目指す。

彼女が付けていた赤い表紙の青春日記が長谷川時雨が主宰する『女人芸術』に「放浪記」のタイトルで連載される。これもラッキー。一九三〇（昭和五）年改造社から単行本となると数十万部売れた。東京という都市の底でうごめいていた林芙美子はたった二七歳で、一躍ベストセラー作家になった。ここでは改造社版を底本に新かな新漢字にした。

第3章

本所から神田、浅草など

被害のひどかった本所

発災時の経験談に戻る。関東大震災で焼失したのは、当時の一五区のうち、東側の本所区、深川区、浅草区、下谷区、京橋区、日本橋区、神田区だった。下谷区のうち、上野の山、根岸、谷中は焼けず、皇居を挟んで麹町区は一部焼けたが、本郷区、小石川区、牛込区、四谷区、赤坂区、麻布区、芝区はほとんど焼けなかった。

まずいちばんたいへんだった本所での体験談を見ていこう。被服廠あとだけで三万八〇〇〇人という焼死者を出し、本所区全体では四万八四〇〇人と、震災での死者全体の半分近くをこの区の犠牲者が占めた。

被服廠は軍服を製造して全国に送っていたが、当時は移転が終わり広大な平地となっていて、跡地には小学校など公共施設が建てられるはずであった。四方を火に囲まれ、焼死したものが多かったが、中には重傷を負いながらも生きのびた人がいて、鎮火後の九月四日に近衛師団などに救助されている。

犠牲者が多かったこの地域の震災体験談は多く残されているが、本書での話者は後に谷根千地域に越された方である。

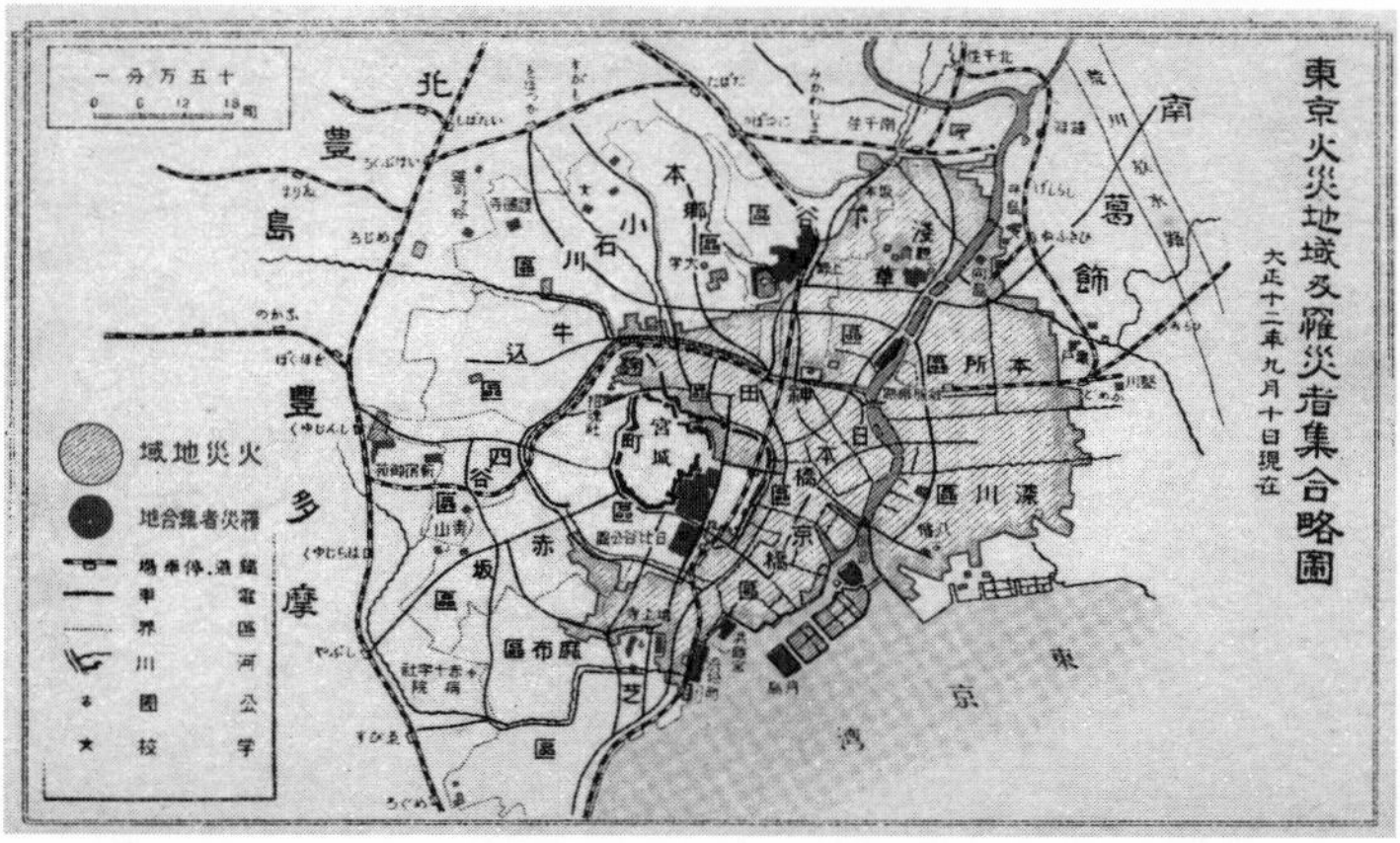

上／東京火災地域及罹災者集合略図、絵葉書資料館蔵。下／本所の焼け跡。ぽつんと残っているのは旧両国国技館

桜井美代子さん（本所）明治三七年生まれ

本所大平町一丁目一九番地、かぞえで二〇歳のときですね。夏が終わって秋の着物の縫い返しに追われていたんです。暑い日でね、昼どきになったので母とお膳立てをしていたら、ヨロッときました。おかしいけど最初は母が押したのかと思ったの。そしたらすぐ近くの津軽様のお屋敷から火が出て、それって逃げる支度してね。父親がどうしても冬の外套を持ってくっていうんで、母に入っていそうな行李《こうり》を二つ出してもらって必死に持ち出したのに、あとで開けたら入ってなかったんです。それから預かっていたオウムを妹がねんねこに抱いて逃げたんですけど、ピーピー鳴いて手をつつくんで大変でした。

どうにか亀戸の精工舎の時計工場まで避難していたら、友だちが通りかかって「うちに来たら」と呼んでくれて、二、三日厄介になりました。その後に東中野の親戚まで歩いて行きましたが、その道のりの長かったこと。

弟は奉公に出ていて、吾妻橋の近くで隅田川に飛び込んだそうです。人がたくさんで、下から足をひっぱられたとか、だいぶ逃げるのに苦労したようです。

その後、母は妹たちと実家をたより、私と父は焼跡でバラック生活。米袋の菰《こも》を敷いて、まだ電気も復旧しない翌年の一月一五日にも、また大きな地震があって、生きた心地がしませんでした。

　確か震災の時も配給で並んだ記憶がありますが、なんだか戦争の時と一緒になってしまってね。今も九月一日になると朝早くから、友だちが多勢死んだ被服廠跡へお参りに出かけているのです。（二四号）

桜井さんは本所で命拾いした運のよい方だ。弟さんも隅田川に飛び込んだのに助かった。川では、助かりたいともがく人に抱きつかれ、すがられて一緒に沈んだ人も多い。

竹内虎之助さん（**小石川氷川下**）**大正二年生まれ**

　大震火災で、行方不明となった本所に住んでいた私の従姉とその娘を、見渡す限り焼け野原となった下町は、文字通り死屍るいるいで、その焼け焦げた無惨な死骸の中を「熊井ひで、娘つる」との名前を大書した幟を立てて、毎日、私と父と従姉の亭主と三人連れで、探し求めて歩き回った。

　……ついに従姉母娘は劫火に追われて、厩橋から隅田川に飛び込んで死んだことがわかった。また焼け落ちた永代橋からも人の雨が降った。（『文京の震災戦災体験談』）

同じように猛火の中を逃げ惑ったためか、震災と戦災が記憶の中でごっちゃになっている人も何人も出会った。そういうときは、「お子さんを連れて逃げましたか」などと聞くと、「そうだ、あのときは長男をおぶって逃げたんです。だから震災ですね」と、どちらの体験かがはっきりする場合があった。

近藤梅子さん（日本橋在住、本所で被災）

私の父は二代目ビラ辰といって、寄席文字を書く仕事でした。あの頃は東京に一〇〇軒以上寄席がありまして、忙しいッたらありませんでした。周りの枠は千代紙みたいな模様を先に刷っておいて、番組が決まったら父が中に字を書いたりしてました。

家は日本橋の新和泉町という所にありましたが、震災の日は本所のお友だちのところでのんきにお風呂に入っていたんですよ。忍岡高女（当時市立、現在都立）の始業式の帰りにね。大きな呉服屋さんで、六月に大きな家を建てたばかりで、そこのお母さんが「暑いからお風呂にお入んなさい、それからご飯にしましょ」と言ってくださった。

友だちが姉さんぶって髪を結ったげるなんて言ったときにガタンときました。そこにあるものを引っかけて外に出ました。船が大波に揺れている中を歩いているみたいで、すぐ火は出なかったんです。お友だちのお父さんが本所の糧秣廠《りょうまつしょう》へ逃げろと。いったんそこへ逃げましたが、この飼い葉に火がついたら大変だと言うので亀戸に行ったんです。正しい判断でしたね。とにかくひどい風で、川の向こうから下駄箱でもなんでも飛んでくる。あのとき何を食べたんだか。九月一日というのに寒かったのを覚えています。

三日目に焼け跡に建てておいた立ち退き先に父が迎えに来てくれました。お友だちの家も私の家もみんな焼けました。父の仕事の材料も全部ダメ。蔵は火よけの泥を塗り込めておけばいいんですが、その左官が麹町の人で、自分の蔵も焼いちゃったくらいですから。焼けた木材を道路に積み上げて、そこが土手みたいになって、家が底の方に見えました。

その少し前に家族で修善寺に一カ月も避暑に行って、温泉に浸かったり、おいしいお魚を食べたりしたから罰が当たったんだなんていって。でもどうせ震災に遭うんなら行っておいてよかったんですよ。震災後は寄席もずいぶん焼けたり潰れたりして、父の仕事はなくなってしまいました。（六二号）

梅子さんの兄たちは仕事を継がず、梅子さんは嫁に行き、産んだ赤ちゃんを、二代目ビラ辰は初孫なのでひどく可愛がったそうである。その初孫である近藤雅之氏（天文学者、東大教授）が同席してくださった。平時の食糧の確保や調達などをしていた軍の施設である糧秣廠は被服廠とは別物で、錦糸町駅の近くにあった。

吉川章子さん（**深川高橋**）**大正一二年生まれ**

私の母方の祖父は渡辺省亭《せいてい》という画家です。この人は代々吉川屋長兵衛という名前で下谷の三味線堀で札差をしておりました。省亭はそこの長男なんですが、絵ばかり描いていて吉川の跡をとらず、父親の歌友の渡辺光枝という人の家に入って画家になりました。その弟子が水野《みずの》年方《としかた》でそのまた弟子が鏑木《かぶらぎ》清方《きよかた》ということになります。

母のなつ子は吉川の家に子どもがいないので、三〇過ぎてから戻って跡を継ぎました。明治以降は吉川家は深川で肥料問屋をしておりまして、父の青二は婿養子に入ったんです。店は佐賀町、家は高橋にあり、そこで震災に遭いました。

このとき母のおなかに私がいたんです。本所の被服廠あとに逃げたらダメだった

でしょうが、越中島の方に逃げて、三日三晩水に浸かっていて助かったそうです。本郷に渡辺省亭夫人である祖母がいたので、そこに身を寄せました。途中、湯島の岩崎さんの井戸の水を三十何杯も飲ませていただいたそうです。

　祖母の家は頼ってくる人が多くて、そこから早稲田へ行き、さらに日暮里渡辺町に空いていた家があって買って入ったんです。それは田端の自笑軒という料理屋が持っていた家で、さすがにいい家でした。門を入ると飛び石伝いに玄関まで行くようになっていて、敷居は三枚引き、土廂が長くて、天井は網代に組んでありました。家全体が茶室風に出来ておりました。渡辺町は大正五、六年に開けたので、少し遅れて入ったことになりますが、渡辺省亭を知る人が多く、とてもよくしていただきました。（四七号）

吉川さんは震災後は日暮里渡辺町に住んだ。渡辺省亭の顧客は下町の旦那方が多く、その描いた絵は多く震災、戦災で失われたという。赤坂の迎賓館の花鳥の間には省亭の図案で作られた濤川惣助《なみかわそうすけ》の七宝焼きが飾られているという。吉川さんは、「エリザベス女王もダイアナ妃もご覧になったんではないかしら」とうれしそうだった。

　本所被服廠跡に住民を誘導した警察署長はその後、かなりの批判を受けたが、地図で見ても近辺であれだけ広大な空き地はない。あそこに逃げるのは当然のように思える。

神田周辺

松浦照子さん（神田）明治三〇年生まれ、食料品店

私は湯島天神の切通しの坂のとば口で生れ、四歳一〇カ月で母の実家松浦に養女にきました。家は卵、鰹節、砂糖、海苔、金平糖の五品だけ扱い、そんな店は当時、乾物屋より少し格が上だったですね。

家つき娘で婿をとり、上の男の子を生んだ次の年の秋のことです。震災の時は前触れがあったわ。市場に買い物に行ったら、瀬戸物が割れてたもの。妙に空が騒いで、風が吹いて空気もどうにかしてましたよ。昼にそうめんをゆでようと思ってお鍋にお湯を沸かしたら、ボーッとお鍋が鳴るんですもの。地震のときは釜鳴りがするというじゃありませんか。

それで三度目にグラッと来たら、もう腰が立たない。必死で姑の手を引き、帯をといて赤ん坊をしょい、上野から田端、今川橋と逃げまわって。上野の山は博物館の前あたりは人でごったがえして、女中さんに布団をしょわせた人とかいました。

下からくる人がいまにここも焼けるというので、また逃げました。闇夜でどっちへ行ったらいいのかわからないんです。田端駅まで来たら、汽車の線路も焼けてる、電柱も燃えてる。もう歩けないというおばあさんをどうにか引きずって、三日か四日、昼だか夜だかわからずバカみたいになって歩きまわりました。

火が収まってからやっとこさ神田に帰りましたが、一面の焼野原。知り合いのつてをたどって、団子坂下の、地震でつぶれたのをそうっと起こした八軒長屋が一軒空いたので入りました。身一つですから赤ン坊をおぶって、古道具屋でカナヅチや鍋やどんぶりを探して店を再開したんです。大どんぶりで洗濯もやってましたよ。

（二四号）

照子さんは団子坂下の松浦食料品店の先代夫人。三日、四日と子どもを背負って逃げ惑った。焼け跡には戻れず、空き家にどうにか住む。震災で罹災した人がよそに移ったため、かなり大きな人口移動が起こった。

神田区の焼却率は九三・八八％。神保町もほとんど焼けて古本屋街がないので、震災後、大阪からいち早く店を出してもうけた古書店があったという。

萩原忠三さん（神田一ツ橋）**明治三四年生まれ**

大学生でした。私は一九〇一年、栃木県上三川の大黒屋という大きな呉服屋の次男に生まれましたが、商業学校を出て二年間、家の手伝いをしてました。しかし校長に勧められ、東京商科学校、今の一橋大学に入りました。そのころはまさに神田の一ツ橋にあった。学問の世界は楽しかったですよ。

震災の時は、やっと買った大英事典ブリタニカを、下宿より学校の方が安全だろうと運び込んだんです。ところがそのうち火の手が回って燃えちゃった。皇居の石垣の松に腰掛けて、学校が燃えるのをボンヤリ眺めて悔しくてね。これからは住むんだったら公園か墓地のそばにしようと決めたんですよ。（三号）

萩原さんは、卒業後、同盟通信社に勤め、ジュネーブ、パリ、ロンドンと駐在し、日米開戦直前にはニューヨーク支局長を務めた。戦後はボーン・上田国際記者賞の事務局長も長らく務めた。谷中墓地に近い庭のある家に住み、萩原家の井戸は戦災の時、たくさんの人の命を助けた。

何度も登場する寺田寅彦は神田についても記している（九月二日）。

寺田寅彦

駿河台は全部焦土であった。明治大学前に黒焦の死体がころがっていて一枚の焼けたトタン板が被せてあった。神保町から一ッ橋まで来て見ると気象台も大部分は焼けたらしいが官舎が不思議に残っているのが石垣越しに見える。橋に火がついて燃えているので巡査が張番していて人を通さない。自転車が一台飛んで来て制止にかまわず突切って渡って行った。堀に沿うて牛が淵まで行って道端で憩うていると前を避難者が引切りなしに通る。実に色んな人が通る。五十恰好の女が一人大きな犬を一匹背中におぶって行く、風呂敷包一つ持っていない。浴衣が泥水でも浴びたかのように黄色く染まっている。多勢の人が見ているのも無関心のようにわき見もしないで急いで行く。若い男で大きな蓮の葉を頭にかぶって上から手拭でしばっているのがある。それからまた氷袋に水を入れたのを頭にぶら下げて歩きながら、時々その水を煽っているのもある。（『震災日記』）

「火事と喧嘩は江戸の華」と言われ、火事が多く、それでもめげずに新しい家を建てる庶民に明治時代、ベルツは日記で驚いている。しかし町火消、大名火消などで構成される鳶の美学の世界から、明治以降、組織化された消防になるまで道のりは遠かった。消防については鈴木淳『関東大震災』がくわしい。関東大震災は龍吐水《りゅうどすい》のような原始的な道具から、ポンプ式消火器、蒸気式ポンプ、消防自動車への過渡期であって、消防自動車はまだまだ数が少なく、しかもガソリンと水不足で思うように活躍できなかったという。

佐久間町の奇跡

神田区の神田佐久間町は、地域の人が避難をせずにそこに留まり、消防ポンプと川の水を活用して延焼を食い止めた。「佐久間町の奇跡」といわれている。

鈴木作太郎さん（神田佐久間町）**大正元年生まれ**

木造家屋の密集地ですから、もともと火の用心は厳しくしつけられ、火の番小屋には大学の苦学生が住み込んで、拍子木を叩きながら夜回りをしていました。忘れもしません。安政の大地震から六十九年目、古老は六十年か七十年に一度必ず地震が起こるといってましたが……佐久間小学校の二学期の始業式から帰って昼食を食べようとしたときでした。

どおーんと揺れが来て、食器は一メートル四方に飛び散り、棚上の品はほとんど落下。横揺れ十五センチ、縦揺れ五センチ、余震は九月十一日まで千三百四十一回あったそうです。畳の上に四つんばいになり、外に出ると大地が波うつように揺れていた。水道管が破裂して水が吹き出し、電柱は倒れ、屋根瓦が落ちたのに当たって顔を血だらけにして駆け出していく人が見えました。父は帳簿類をかかえ、母は残りご飯で握り飯をつくり、私は教科書や文具をカバンにつめ込みました。

日本橋の薬品問屋が爆発したとかで、その黒煙が流れてきて太陽をさえぎる、薄暗くなって涼しい風が吹き、裏の鶏は鳴き、犬は遠吠えすると異様な雰囲気です。余震はつづきました。そのうち家財道具を大八車にのせ、仏壇を背負い、大風呂敷をさげた人びとが道にあふれはじめました。うちもメリヤス製品がいっぱいの家に鍵をかけ、祖母や弟妹をつれ、家族で家を出ましたが、みんな家財道具を道へ出して、そこに大荷物をもった人がいますから身動きもとれない。子が親を、親が子を呼び、阿鼻叫喚のなか、佐竹の三味線堀まで五百メートル進むのに一時間かかりました。

その日は焼けなかったのですが、翌日、佐久間町に戻ると、清洲橋通りの向柳原の竹問屋へ火が入り、それこそ爆竹のような大音響で燃えます。隣の缶詰会社の社長が、缶詰もウイスキーもさしあげます、持ち出してくださいと叫ぶ。水がないから燃え放題です。

そのとき、うちの隣にいらした衆議院議員で東京弁護士会の重鎮、作間耕逸先生が、鉢巻たすき掛けの袴姿で「若い者は冬着を着、バケツを持ち美倉橋畔に出動せよ」と町中に怒鳴りました。やがて百人くらいのバケツリレー、子どもの私はもう手がちぎれるかと思いましたが、神田川の水を中継送水、運びに運んだ。豆腐屋の老人が豆腐を麻布に包んで火元を叩けと教える。三日には昭和通り方向から延焼して薪炭問屋が火の山となり秋葉原操車場が焼け、危機迫りましたがそこに大雨が降ってきてみんな空に手を合わせました。こうして佐久間町一丁目は焼けましたが、佐久間町二〜四丁目、平河町、和泉町全二千六百戸は焼けずにすんだ。死者も一人もなし。これは私どもの誇りです。（拙著『神田を歩く』）

佐久間町が焼けなかったことを、だれか一人の功績にしてはならないだろう。他の資料では近衛兵柏原金蔵という人の活躍が挙げられている。リーダーシップを取れた人がいたことは大きかった。ちなみに、和泉町町会ではのちに功労者に金品を配っているが、そこに三〇円の報奨金を与えられた鈴木作造という人こそ、この語り手鈴木作太郎氏の祖父ではないかと思う。

鈴木さんの父の重吉さんは、会津藩士の若松屋新八が始めた鈴重というメリヤス問屋で修業して佐久間町で独立、震災では焼けなかったが、戦災で焼け、東神田に移った。

その後、佐久間町の経験が美談とされ、「自分の町は自分で守れ」が戦争下の「国土防空法」へと変質利用されていく。逃げることより消火を優先させ、悲劇につながったことを指摘している研究者もいる（吉川仁『資料にみる「関東大震災から国民防空への展開」』など）。

また震災の時、学校長などが奉安殿の天皇のご真影を持ち出すため、猛火の中に引き返した体験が美談として語られ、これも空襲下に引き継がれた。

下谷区・浅草区

茂原鉱次さん（駒込坂下町）

グラッときたのは、床屋で散髪が終り、前掛けをとろうとした時です。浅草区の鳥越の帽子屋に奉公中でして、そこの女中さんで、お産して五日目の人がいて、戸板に乗せて上野の山に運んだんです。二日間何も食べず、三日目におにぎり一個もらって食べたときはおいしかった。私たち奉公人は自分のことは後回しでした。

駒込坂下町の家に戻ってみると、うちは大丈夫だったが二、三軒先の鍛冶屋さんがつぶれていた。電車通りにはよそから避難してきた人たちが敷石の上に寝て、何日か野宿してました。あの時、朝鮮人が井戸に毒を入れたというデマが流れ、当時は私もやはり信じてしまいましたね。（二四号）

上原幸太郎さん（浅草馬道）**明治四一年生まれ**

地震が起きたら、長屋の連中はほとんど家をあけっぱなしにして、観音様（浅草寺）に逃げたんです。火事も大きくなってはお手上げですが、実は観音様のまわりにも火がついて、その時は私たちで消したんですよ。……一生懸命バケツリレーをした。淡島様の池の水もかけた。観音様の裏に大きな天水桶があって、それも使った。

あのとき、花屋敷のゾウが五重塔のとこに一頭いたのを覚えてますよ。サルはみんな逃げて、伝法院の中にいっぱい入ってきました。ゾウを見たのは一頭だけで、あとは撃ち殺したって話でした。それから観音様での怪我人は、三社様のわきの市川団十郎の銅像のとこに並べてました。……

観音様には三日ばかり、仁王門のとこにいたの。すると横幕で、筑波山が大爆発するなんてことは流言だから心配するなってこと書いたりね。一方では観音様の屋根につかまってないと津波に流されるとかね。驚かされましたよ。あのときはどこへ逃げても、流言があとから追っかけてくるようでした。（『古老がつづる1』）

震災の時、浅草寺が焼けなかったのは観音様の御利益だ、という風説は広がり、絵双紙まで出たが、上原さんは「みんな精出して消したんですよ。あれは嘘ですよ」と証言している。七万人が逃げた浅草公園は風の向きと樹木が多かったことも幸いした。

石澤ハナさん（**浅草**）**当時は上野高女生徒**

関東大震災には、浅草の金竜館の中にいたんです。九月一日はまだ学校がお休みだったものですから、お友だち夫妻と私の三人で、金竜館の歌劇を見ていたんです。田谷力三の出るオペラ劇場でしたが、私たちは二階に上がったんです。

当時座席は今のように一人ずつになっているのではなくて長椅子なんです。そのうちに、それは本当に不思議な音がし始めたんです。地鳴りだったんですね。ごおーっというすごい音なんです。それから友人のターちゃんに「これ、何の音でしょうね」なんて言っているうちに、長椅子がちょうどエンジンがかかったように、ガタガタと震えだしたんです。何だろうと思うまもなく、周りの壁がバラバラと落ちてくるんです。昔の建物は壁が漆喰なんですね。もう、漆喰から紙から何もかも一度に降ってくるんです。

それから、あわてて逃げようとしても歩けないんです。這うようにして逃げて、階段などはころげるようにして降りたんです。（『古老がつづる4』）

高橋弥之助さん（水道二丁目）**明治四〇年生まれ**

浅草の劇場で喜劇を見ていた。劇場の天井のシャンデリヤがジャラジャラ揺れ、危険で劇場から出ようとしても歩けなかった。裸足で飛び出したが、揺れが大きく歩けなかった。……再び劇場にもどると、舞台のセットは倒れ、役者は頭に布団をのせ、「心配ない、心配ない」と叫んでいた。……

観音様はどうかと思い見に行った。境内からは十二階が倒れ落ちるのが見えた。……歩いて行くと鳩の豆を売っているおばさんたちが石灯籠の下敷きになっていた。見ている人がかわいそうといって、どこからかむしろを持ってきた。

浅草から上野、湯島と歩き、天神様のところにきた。後楽園に砲兵工廠があったが、レンガ造りであったため全壊した。

湯島からの電車通りには、むしろを敷き、昼食を取っていた。永藤パンも店を開いてパンを販売していた。電車は架線が切れ、たれ下がっていた。電車の中に入っている人もいた。（『文京の震災戦災体験談』）

高橋さんは当時一六歳。若さを頼んで、よく歩き回ったものである。

浅草十二階

浅草といえば浅草十二階（凌雲閣）。一八九〇（明治二三）年に建てられ、いわば明治の「東京タワー」のようなもので観光名所として有名だった。基本設計は英国人のウィリアム・バルトン。高さ五二メートル、一二階建てなのでこの名があるが、正式には凌雲閣という。中には日本初の電動式エレベーターを備えたが、故障が多くたいていは階段を上がったという。その界隈は居酒屋街で、「十二階下」は売春街の代名詞だった。関東大震災で八階から上が折れた。そのときに頂上の展望台付近にいた一二、三名の見学者は一人を除き崩壊で即死した。

小川亀次郎さん（千束町）**明治四二年生まれ**

関東大震災は私が十四歳の時でした。そのときのいちばん印象に強く残っているのは、例の十二階が私がどうなるかと見ている前で崩壊したことですね。十二階は私の家の前の千束通りのまん中に立ちますと、ま正面にでんとそびえていたんです。……それで、まだ余震で揺れている中で家へとびこんでね、両親に「十二階がひっくり返ったよ」と告げたわけなんです。実際には上の方が崩れ落ちたんですけれど、見ているときは土煙がもうもうと上がって下の方は見えないから全体が倒れたように見えたんですよ。（『古老がつづる4』）

石澤ハナさん（浅草）**前掲**

十二階の時もずいぶん人が亡くなったんです。死人を運んでいるのが見えましたもの。でも、人間て土壇場になると、他人事にはあんなに非情になるものかなんて思うんです。

自分の浅草の家が焼けるのも知らずに、家に帰ったら「十二階が折れちゃってもうないよ。私折れるのを見たの」なんて自慢話にしようかと思っていたんですから。私は十二階にも登ったり、エレベーターにも乗ったことあるんです。面白いエレベー

焼け落ちた十二階。残った部分はその後爆破された

ターでしたよ。ガタンガタンと揺れるんですよ。……

この折れた十二階は、その後、軍隊によって爆破したんですが、このときできた瓦礫を、この辺の埋め立てに使ったということですね。震災後区画整理ということで、この辺の段差をなくすためにだいぶ埋め立てをしたらしいです。(『古老がつづる4』)

山田鯉三郎さん（三ノ輪）**明治四五年生まれ**

十二階は震災と同時に、九月一日の日に頭だけぶっ倒れたんですが、その月に工兵隊で（が来て）こわされました。九月二十三日でしたか。おおぜい見物人がきまして、老若男女を問わず、みんなして十二階の周りを囲んでました。何しろ見渡したところ焼け野原だから目立つんです。最初は、五十メートルぐらいまで近寄っていったんですよ。花屋敷のそばまで。そうしたら憲兵や巡査に追い出されちゃって、宮戸座のへんから、そのうちに吉原弁天池あたりまで押されてきたんですよ。

時間は何時だったか、昼間ですよ。みんな今か今かと待って見てたんですから。第一回爆破で半分ぐらい飛びました。で、第二回目で残ったのも崩れたんです。レンガ造りだったんで、そのレンガがまんじゅうの山のようになり、やがて、みんなが我先にと駆け上っていきました。でも、子供はいかんといわれて、遠くの方で待ってました。これが不服でしたね。(『古老がつづる2』)

次は京橋の市電の中で被災した長谷部さん、日本橋、吾妻橋、押上と移動し野宿、翌日おにぎりをもって馬道にいた親方を探した。かなり生々しい話だ。

長谷部市郎さん(浅草)**明治三六年生まれ**

隅田川は男女の死体が、まるでスイカのようでしたよ。それで今のサッポロビールのとこ、昔は馬車使ってたから、馬が二十頭ぐらい焼けてた。電車の中も人が焼鳥みたいになってて、しょうがなく千住大橋まで行って。……焼け野原で熱くって歩けないんですよ。水道が焼けて水がシュウシュウでてるから、それで冷やし冷やし、やっと観音様へたどりついて、あそこは焼けなかったから逃げて来てると思ってたからね。それからまたさがし出すのに一苦労。……みんなはね、ひょうたん池や淡島様にいた鯉をつかまえてね、あの辺の木をぶった切って(薪にして)、焼いて食ってましたよ。(『古老がつづる1』)

濱中藤一郎さん（三ノ輪）**明治三五年生まれ**

関東大震災のときは、日暮里の方から家の方へ焼けてきて、九月一日の夜七時頃すっかり焼かれました。午後三時頃見まわりに巡査がきましたが、巡査はただ疲れきっちゃっているというだけ。音無川の桟橋のところへきてぐったりしていたし、それは、巡査たちが家を倒して火事の延焼を防ぐ仕事をやってましたが、なにしろあわてているせいか、塀などつっかい棒がある方に倒していることがあったから、力を出しきっちゃっていたわけです。夕方から赤羽の工兵隊が出て、家の倒し（破壊消防）をやり始めたようです。私のところが焼けたのは、浅草の伝法院の方へ攻めていった火が、風が変わり、逆（向き）になったといわれてます。……

上野、谷中の墓地では、地震で燈籠や墓石がぐらついていた。そういうところに逃げていて、九月一日の夜から二日の朝にかけ、余震があって、それらが倒れ、不意を襲われてずいぶん大けがをした人がいたんですよ。（『古老がつづる1』）

原錦子さん（田原町）**明治四四年生まれ**

（松本）高麗三郎さんの奥さんが芸者さんで、千束に住まわれてました。この方、とてもきれいな方でしてね。大震災の時には、この人のいいものをみんな家へ運んできたんですよ。……それを近所の人もきいてか、ついでに芸者さんの衣裳だの、いいものを、タンスごと若い衆が運んできましてね。父に「色川さんお願いします」という。そうすると、これがもう男気ですからね。胸をたたいて引き受けた。……火が回ってきても父はというと、預った荷物があるから動けないってわけです。私は柱時計を背負わされ、母と妹は何か包みを持たされ、父を残して上野へ逃げたんです。父の方は隣りに火がつくまで、がんばってたそうですよ。すっかり焼けて上野へきたときは、シャツ一枚で、よその荷物を預った責任感で疲れきっていました。（『古老がつづる2』）

原さんの生家は田原町のうなぎ屋「色川」、今もご盛業である。こんな先代がいたとなると行ってみたくなる。いかにも下町の律儀なおやじさんというかんじ。

次は千束から谷中、板橋まで避難した小川さん。大変長い話なので、大概を記す。震災時、子どもだった小川さんは浅草区千束町の家に居た。

小川亀次郎さん（千束町）**前掲**

一時間経っても余震で揺れた。近くの紺屋の張り場へ避難。そこから見ると「浅草の十二階が崩れたその下から火が出て、赤黒い火と煙が南風にあおられて流れてくる。吉原の方から火が出てもうもうと煙が上がっている」。父親が「ここにいては助からない」と迎えに来てまず吉原土手に逃げた。

そこから三ノ輪、千住を目指すも行く手を火に阻まれ、土手伝いに進路を変えて浅草の聖天山に。「あそこは焼けたことがないんだから」と父。むしろを引いて一休みしていると、滑り台の上に大きな男が立って「私は象潟《きさかた》警察の刑事である。こんな所にいたらみんな焼け死んでしまうぞ。安全なのは空の明るい浅草の吾妻橋方面だ。あっちへ逃げろ」と怒鳴った。

花川戸の通りは人力車、大八車、大風呂敷の人で一杯、身動き取れず、路地を通って吾妻橋を目指す。並木町の親戚による。まあ上がれというのでお茶を一服。自分一人だけ川の方へ行ってみる。「すると、午後四時ころですかね。そのとき、一瞬にして上から真黒い雲がおりてきたんです。その真黒い雲の中は火の粉なんです」。慌てて両親を探す。東本願寺から上野を目指し、両大師坂を上る。

「家では谷中に父の知り合いがあったので、その晩はそこで厄介になったんです。泊まるといっても外で、往来のまん中に戸板を並べて、竹竿でテントみたいに蚊帳を張って寝るんですよ。寺町だから蚊がすごいんですよ。ここで若夫婦に助けてもらって、翌朝早く出発しました。母の実家《さと》が板橋の農家でしたから、そこへ行こうというのでてくてく歩いたんです。白山から巣鴨を通って板橋まで歩いたんですが、途中ではみなさんが炊き出しをして握り飯を出してくれるんです」

母の生家には四〇人も避難していた。それで親戚同士、焼け跡に共同で家を建てようということになり、千束に戻って掘っ立て小屋を作った。

震災の年でも酉の市には信心深い下町の人がお参りに来た。今いちばん売れるのは何かと考え、風呂敷を仕入れたら飛ぶように売れた。それを元手に洋品店を再興した。（『古老がつづる4』）

茂原ハルさん（吉原）

私は当時中学二年、家は吉原大門の前で氷屋をやっていたけど、つぶれてしまったわね。でもみんな無事に四ツ木の方へ逃げました。親と会えたのは三、四日後です。七人姉妹みんな助かったけど、その後が大変。二、三人ずつ所沢や志木の親戚の家に預けられてしばらくすごしました。

千駄木はほとんど被害がなかったようですね。地震には「地震の道」というのがあって、千駄木辺りはその通り道じゃなかったのね。（二四号）

溺死した吉原の遊女たち

小川亀次郎さん（千束町）**前掲**

地震があってしばらくしてからね、吉原の方からおいらんが家の前を逃げて行くんです。おいらんが十人くらい帯をつなぎ合わせてね、先頭を妓夫太郎《ぎゆうたろう》がかついでいちばん後ろに遣手《やりて》婆さんがついていくんです。おいらんを見ると、はだしの女もいるし、顔から血を流している女もいるしね。ぞろぞろ、ぞろぞろ公園の方へ急ぐのを見たことが、これも子ども心に印象深く残っています。この浅草公園に逃げたおいらんたちは助かったんです。しかし、吉原のはずれに吉原公園というのがあって、そこに大きな池があったんです。ここへ逃げこんだおいらんや吉原の人たちは全部死んでしまったんです。（『古老がつづる4』）

明治のころから、救世軍などが遊女の自由廃業の後押しをしており、その力を借りて逃げた遊女は多い。しかし捕まるとひどい折檻を受けた。震災時にも遊女は籠の鳥、逃げないようにして避難させた。震災で死者がいちばん多かったのは本所被服廠あとの三万八〇〇〇人で突出するが、第二が浅草区田中小学校校庭一〇八一人、第五が吉原公園の四九〇人であった。

石澤ハナさん（浅草）前掲

吉原が全焼して、遊女たちが裏手から吉原公園に逃げたんですが、まもなく吉原公園も火に包まれて、遊女たちが皆花園池（弁天池か）にとびこんだまま、焼死や溺死をしたんです。……時間がたつと浮かんでくるんです。頭のない顔だけの遊女の死体と、すっぽりとれた髪とが別々になって、池一面に浮かんでいる様は、とても口では言い表せない悲惨なものでした。（『古老がつづる4』）

吉原公園は一九五九（昭和三四）年に埋め立てられて吉原電話局（現在ＮＴＴ）となった。

下谷区は四七・六九％、浅草区はじつに九五・九六％が焼失。

この下町の火事の様子を大阪から特派された新聞記者が見ていた。

『大阪朝日新聞』九月四日

予（船越特派員）は東京市全滅の飛報に接し一日夜九時富山から信越線に出で高崎、大宮を経て川口町に達すると荒川鉄橋傾斜のため列車不通というので徒歩して鉄橋伝いに赤羽に出でさらに危険を冒して日暮里から上野に達すると早くも鉄道線路の上は避難民で一杯であった。前途の家屋は濛々黒煙に覆われその中から紅蓮の炎が時々猛烈に起るので附近に近寄れない。やむなく上野の高台に上るとここも数万の避難民でうごめいている。ここからはじめて東京市を見下すと真にものすごい光景で焦土と化した焼け野は一目千里のようである。さすがの帝都も今は昔の武蔵野と化した。

神奈川県の被害――横浜、鎌倉、小田原

東京の被害は比較的語られてきたが、神奈川の被害は意外に知られていない。ここでも少しは触れておきたい。

海に面した神奈川の各都市でも被害が多かった。とくに惨害だったのは横浜で、これについては今井清一『横浜の関東大震災』（二〇〇七年）を参照されたい。

横浜は海辺の寒村だったが、一八五九（安政六）年に最初の五港の一つとして箱館、新潟、神戸、長崎とともに開港され、生糸貿易の輸出港として日本の経済発展を支えた。日本で最初の鉄道ができたのは一八七二（明治五）年、最初の横浜駅は今の桜木町にあり、そこか

ら品川まで開通、さらに新橋まで延びた。品川付近では汽車はあたかも海のなかを通るようだった。その遺構が高輪築堤といって貴重な鉄道遺産である。東京駅開業は一九一四（大正三）年。東京湾が浅く、大型船が着けなかったので、外国船はほぼ横浜に着いた。つまり外国へ行く人、外国から来る人は横浜経由であった。

その横浜には外国人居留地があり、中国人たちの南京町（中華街）があり、教会、ミッションスクール、オリエンタルパレスホテル、グランドホテル、レストランも多数あった。一九二三年の震災で居留地時代のレンガ建築のほとんどが倒壊、関内北部の官庁建築は内側に火がはいって外側だけが残った。東京よりも揺れが強く、倒壊による圧死が多かった。横浜地方裁判所で裁判官や所員など一〇八名が亡くなっている。中国人居留地、南京町でも二〇〇〇人近くが犠牲に。横浜での死者は約二万三四〇〇人、行方不明は三二〇〇人と言われる。

イギリス人外交官のウィリアム・ヘーグは勤務先の横浜の領事館が倒壊して下敷きになって落命。日本の草創期のサッカーの振興に関与した人だという。フランス人領事も死亡。オリエンタルホテル、グランドホテルでもボーイや客の圧死が多かった。いっぽう、港内にいた船舶により海岸に避難した一万五〇〇〇人が救助された。

フェリス和英女学校校長のジェニー・カイパーも生き埋めになり、そこに火が迫って亡くなった。印刷業者であった村岡齋は横浜本社の社屋が倒壊、社員約七〇名とともに犠牲になった。朝鮮人、中国人は主に横浜港からの荷揚げ労働者であったが、虐殺された者も東京にまして多い。いっぽう朝鮮人を保護した例も見られる。

昔の港崎《みよざき》遊郭のあとに出来た横浜公園（今横浜スタジアムのあるところ）にもたくさんの人が避難した。ここは水道管が破裂して吹き出した水のため公園が沼のようになり、怪我の功名で周辺にいた人は命が助かった。

根岸町にあった横浜刑務所では建物のほとんどが倒壊、焼失。囚人約一〇〇〇人を二四時間以内に戻るか、他の警察署に名乗り出るように言って解放したが、戻った者は約七〇〇人だった。住吉町では移民宿、福井旅館の娘貞はジャーナリスト清沢洌《きよし》と結婚して一女があったが、ここで娘共々亡くなっている。清沢は東京に行っており難を逃れた。

東京方面からの最初の駆逐艦による救援隊が到着したのは九月三日の午前一一時。すでに横浜は焼け野原になっていた。「海岸より望見すれば、残存する家屋なし」。

震災後、瓦礫を埋め立てて山下公園を作った。グランドホテル跡地には横浜の政財界が協力してホテルニューグランドを作った（渡辺仁設計）。一九四五（昭和二〇）年、米軍の空襲で横浜は再び焼け、敗戦後、かなりの土地を米軍に接収された。ＧＨＱのマッカーサー元帥の最初の執務室は横浜のホテルニューグランドにあった。

横浜は当時、日本一の生糸の積み出し港であったが、大震災で壊滅し、その分、神戸が輸出港となり、神戸の繁栄の基を作った。

神奈川県の被害は横浜にとどまらず、湘南の広い範囲で起きた。皇族の犠牲者もいる。山《やま》階宮《しなのみや》武彦《たけひこ》王妃、佐紀子女王は鎌倉の別荘で出産間近の静養中に侍医とともに下敷きになって死去。東久邇宮《ひがしのくにのみや》師正王《もろまさおう》は滞在中の藤沢の吉村鉄之助別荘が倒壊して亡くなった。小田原の閑院宮別邸に避暑中だった寛子女王も別荘の倒壊で亡くなった。

枢密顧問官で日本大学総長松岡康毅《やすたけ》男爵は葉山で死去。横浜正金銀行頭取を務めた園田孝吉《こうきち》男爵は二宮の別荘が倒壊して亡くなった。園芸家で登山家でもある辻村伊助は小田原の自宅裏の崖が崩落し、妻子とともに犠牲となった。

鎌倉では他に、元老松方正義が八八歳の高齢で遭遇、翌年亡くなった。由比ヶ浜には九メートルほどの津波が押し寄せ、避難中の英文学者厨川白村《くりやがわはくそん》が次の日に絶命した。夏目漱石の大学での弟子で、漱石が嘱望した学者であった。そのほかにも知名人士で震災の犠牲になった人は多いが、場所や時間の特定が難しい。

柏木セキノさん（横浜）**明治二七年生まれ**

主人は保土谷化学の工場長になり、横浜に越して三年目くらいです。横浜で被災しましたが、それはひどかった。私は三〇か三一ですね。高台の借家だったのですが、揺れがひどくて、簞笥にしがみついていましたが、簞笥が踊ってどうしようもありません。家もうちと隣が助かったくらい。瓦は落ちて一枚もなく、どこもかしこもボーボー燃えていました。

翌日、主人が親のいた向丘弥生町まで様子を見に行きましたが、地盤がいいのか家の中の物は何ひとつ落ちていなかったし、庭にあったすばらしい青磁の手水鉢の水は揺れで一滴残らずこぼれてしまったというのに、鉢自体は無キズだったそうです。

それで六日目、人が逃げ出す東京へ馬車で戻ってきたんです。朝早く家を出て夜暗くなってついたのを覚えています。（二四号）

被害は千葉、埼玉、静岡、茨城、山梨の各県にも及び、神奈川と合わせて「被害六県」と呼ぶ。

横浜の被害も甚大だった。グランドホテルも倒壊している

藤澤清造

小説家のルポルタージュ

作家藤澤清造には『根津権現裏』（一九二二年）がある。一八八九（明治二二）年、石川県七尾生まれ、上京して団子坂上小松館、根津藍染町一〇番地豊明館と転々とした。そこで関東大震災にあい、『中央公論』（一〇月号）にルポ「生地獄図抄」を書いた。藤澤は上野公園の上に立つ。

それにしても、なんという無惨な姿だろう。二三日あとまでは、「世界」や、「三橋亭」などの建物にさえぎられて、ついぞ目のとどかなかったその後のほうは、仔細に目をとめて見さえすれば、房総の山々までも見通すことが出来るように開ききっているのだ。

藤澤はモスクワの雀が丘の上に立つナポレオンを思い出す。

本所被服廠あと、吉原弁天池を巡りその酸鼻な風景を描写した。彼はたくさんの死体を見て、『改造』（一〇月号）には「われ地獄路をめぐる」を書いた。吉原の遊女たちの気の毒な姿はどうしてもここに引用する気にならない。藤澤は以降、どれほど裕福になっても吉原へは足を向けないといっている。その臭いが体について、帰りに徳田秋声宅に寄って香水を振りかけてもらい、下宿の膳には手を付けられなかった。

「焦熱地獄を巡る」（『女性改造』一〇月号）はやや小説らしい感じのものになっている。藤澤は震災後、根津須賀町の松翠閣に移り、今東光などと同宿する。一九三二（昭和七）年、芝公園で凍死体で発見され行旅死亡人として火葬された。

「大正の典型的なマイナー文士」として世に忘れられた藤澤清造は、没後弟子を称する西村賢太によって『根津権現裏』が二〇一一年文庫化され、久しぶりに光が当たったが、その西村も五四歳で亡くなってしまった。

小石川植物園に建てられた「関東大震災記念碑」。
植物園にも一時多くの人が避難しバラックが建てられていた。
人々が退去したあと、この碑が建てられた

第4章

震災に乗じて殺された人びと

朝鮮人虐殺

一日一三時一〇分、軍当局は「非常警備に関する命令」を発した。

一五時ごろ、最初の流言「社会主義者及び鮮人の放火多し」現る。

二日、流言飛語はますます勢いを増し、要注意人物などの検束始まる。各地に自警団出来る。

一四時、内田臨時首相と山梨半造陸相は戒厳令を東京市と府下五郡に敷く。

「暴動の兆《きざし》さえなかった時期での「戒厳令」断行については、ともに朝鮮総督府で朝鮮人弾圧の直接責任者だった水野錬太郎・内相（一八六八〜一九四九）と赤池濃・警視総監（一八七九〜一九四五）コンビの〝恐怖心〟に基づく、内田臨時首相への進言が決め手となった」（田原洋『関東大震災と中国人虐殺』）。

同じく二日、「市川国府台野戦重砲第一連隊（岩波隊）、小松川で朝鮮人を多数虐殺」「旧四ッ木橋付近で習志野騎兵連隊が機関銃で朝鮮人を虐殺」など。

西崎雅夫『関東大震災 朝鮮人虐殺の記録』にこの間のことが詳細に記されている。『本郷区史』は次のように記している。

人々はさらに海嘯襲来の報に脅かされたが、まもなく不逞鮮人襲来して、各所に火を放ち、人畜を惨殺し、あるいは井戸に毒薬を投ず等の流言蜚語は疾風のごとき勢をもって不安におののく市民の上に伝播せられた。流言の出所についてはもとより明かではないが、二日午後六時頃渋谷署長より「銃器凶器を携えたる鮮人約二百名二子玉川を渡り次第に市内に進行しつつあり」の報あり、また世田ヶ谷署長よりも同様の流言を報告し来った。けだし流言のもとは神奈川県高津警察署方面に起り、漸次多摩川を渡って北進したるもののごとくであるが、この言一度伝えらるるや焼失を免れたる山手方面においては柿色の服を着たる青年団在郷軍人などが声をからして「朝鮮人に気をつけて下さい、朝鮮人が放火します」などと警告し、やがて期せずして各所に自警団の成立を見、道路の四辻その他要所を抜刀にて警戒し、通行人に対していちいち不審訊問を行うに至った。(『本郷区史』)

経緯は、当時、警視庁官房主事であった正力松太郎の証言とおおむね一致している。正力はのちに政治家、読売新聞社主となった。彼は「朝鮮人来襲の虚報には警視庁も失敗しました」と認めている。証言が長いので抜粋した。

正力松太郎　警視庁官房主事

一日夜頃、朝鮮人が不穏の計画をしておるという風評が伝えられる。各警察署から朝鮮人の爆弾計画、井戸に毒薬を入れたものを検挙した等の報告があり、「二、三時間後にはいずれも確証なしと報告」。

二日午後二時ごろ富坂警察署からまたもや、不穏朝鮮人検挙の報告あったので、「念のため私自身が直接取調べたいと考え直ちに同署に赴きました」が、「犯罪事実はだんだん疑わしくなりました」。

折から「不逞鮮人の一団が神奈川県川崎方面より来襲しつつある」との伝令が来て本庁に急ぎ帰る。「私はさては朝鮮人騒ぎは事実であるかと信ずるに至りました」。

その後、「不逞鮮人は六郷川を越えあるいは蒲田付近にまで来襲せり」という報告が大森警察署、品川警察署から来る。「しかるに鮮人がその後なかなか東京へ来襲しないので不思議に思うておるうちようやく（二日）夜の十時ごろに至ってその来襲は虚報なることが判明いたしました」（『正力松太郎——悪戦苦闘』）

各警察署は事実かどうかを確認せずに情報を流したことになる。

石井光次郎　当時、朝日新聞記者、のち政治家

（一日夜、警視庁から）帰って来た者の報告では、正力君から、「朝鮮人がむほんを起こしているといううわさがあるから、各自、気をつけろということを、君たち記者が回るときに、あっちこっちで触れてくれ」と頼まれたということであった。

そこにちょうど、下村（海南）さんが居合わせた。「その話はどこから出たんだ」「警視庁の正力さんがいったのです」「それはおかしい」

下村さんは、そんなことは絶対にあり得ないと断言した。「地震が九月一日に起こるということを、予期していた者は一人もいない。予期していれば、こんなことにはなりはしない。朝鮮人が、九月一日に地震が起こることを予知して、そのときに暴動を起こすことを、たくらむわけがないじゃないか。流言ひ語にきまっている。断じて、そんなことをしゃべってはいかん」こういって、下村さんは、みんなを制止した。（『回想八十八年』）

下村海南（本名宏）は台湾総督府民政長官などを経て一九二一（大正一〇）年、朝日新聞社に入社。副社長を務めた。寺田寅彦も冷静だった。九月二日の日記から。

寺田寅彦

帰宅してみたら焼け出された浅草の親戚のものが十三人避難して来ていた。いずれも何一つ持出すひまもなく、昨夜上野公園で露宿していたら巡査が来て〇〇人の放火者が徘徊するから注意しろと云ったそうだ。井戸に毒を入れるとか、爆弾を投げるとかさまざまな浮説が聞こえて来る。こんな場末の町へまでも荒して歩くためには一体何千キロの毒薬、何万キロの爆弾が入るであろうか、そういう目の子勘定だけからでも自分にはその話は信ぜられなかった。（『震災日記』）

二日夜、山本権兵衛内閣成立。

三日一五時、戒厳令を東京府、神奈川県全体に拡大、関東戒厳司令部が置かれ、その司令官に福田雅太郎大将、参謀長に阿部信行少将を起用。

流言飛語ますますひどく、各地で暴行・虐殺が続く。近衛連隊も「不逞鮮人」捜索、数百人を憲兵に引き渡す。戒厳令下で活動した軍隊約三万五〇〇〇人。

野口福治さん（千駄木）前掲

この焼け野原の中にポツンと高く残っていた上野の松坂屋が続く余震に揺られ、風にあおられて再度燃え上がったが、手の付けようもなく、そのままに放置したため、人々の不安をいっそう募らせた。これをだれ言うとなく、松坂屋のあの火は朝鮮人が付けたのだ。井戸に毒薬を入れた者がある。大地震のあとには必ず大津波が来るから高い所に逃げろ、などの流言が、それからそれからと風のように伝わり、不安は募るばかりであった。

一方、これに輪をかけたように、午後五時頃渋谷署から「今凶器を持った二百人ぐらいの朝鮮人が二子玉川の鉄橋を渡り、東京市内に進入しつつあり」との通知が駒込署にあり、またその後、世田谷署から同様の通知が重ねてあったため、署でも捨てておけず、署内に待機していた警察官はもちろん、制服の在郷軍人等が各方面に手分けして、町の中をメガホンで怒鳴って歩いた。「今不逞の鮮人が暴動を起こし、市内を襲い、焼け残った家屋に火を付けている。不審な者には監視を続けて、至急警察へ知らせろ」と大声で怒鳴って来たため、さあ大変、町の中はテンヤワンヤの大騒ぎになった。町会では急遽役員を動員して、自警団を組織し、町会の事務所を本部にして、四、五人が一組になり、木刀や棒切れを、中には本物の日本刀や手槍を持ち出してきて、町の要所要所に張り番して、見知らぬ通行人を見ると不審尋問をした。このため、朝鮮人はもちろん、日本人でも、言葉のはずみで被害を受ける者が続出して、市内は無警察の状態になってしまった。（『ふるさと千駄木』）

噂を警察が流し、軍隊が虐殺する。このとき民衆の暴力も正当防衛とされた。

警視庁から一九二五（大正一四）年に刊行されている『大正大震火災誌』によれば、本郷本富士警察署では、「二日午後二時頃、鮮人暴挙の流言伝わりて、人心漸く険悪となるや、戎凶器《じゅうきょうき》を執りて鮮人を迫害する者多し、これにおいて本署は鮮人らを保護検束すると共に、自警団に警告するところありしが、彼らは容易に耳を傾けず、三日以後にいたりては狂暴とくに甚だしく、同胞にしてその危害をうくるものまた頻々たり」とある。これもあとから上げた報告である。

野口さんの話の続き

四日の午後三時頃、天井裏に震えていた朝鮮人を家主と巡査で「心配するな、食物は有る、危害は加えないから」と納得させ、駒込署に保護するため、前の横丁から店の横丁まで連行して来た時、追い駆けて来た町の若い者が五、六人で、この小川巡査と朝鮮人を取り囲み「その鮮人を渡せ」「渡さぬ」で言葉も荒くなり、意地になって、引くにも引けず、今にも血を見るありさまだった。私はお店の脇でもあり、相手は顔見知りの町の者でもあったので中に割って入った。ちょうど汐時というか、町の者は私の顔を見てブツブツ言いながら手を引き、巡査の連行して行く後ろ姿を見送っていた。私はこの時、殺気だった大勢の若者を相手に、体を張って職務の遂行を果たした小川巡査の勇気と態度に非常に感激した。(『ふるさと千駄木』)

襲われた当事者、朝鮮人の体験を一つだけ収録する。

慎昌範さん

私は、一九二三年八月二〇日、日本観光の目的で、十五名の同僚と共に、下関に上陸しました。そして、関西方面を廻り、八月三〇日、東京に着き、上野の昭和旅館に泊りました。

九月一日、昼食をとっている最中に、地震に会いました。生れて初めての経験なので、階段からころげ落ちるやら、わなわなふるえている者やら、さまざまでした。……

四日の朝、二時頃だったと思います。うとうとしていると「朝鮮人をつまみ出せ」「朝鮮人を殺せ」などの声が聞えました。……まもなく、向うから武装した一団が寝ている避難民を、一人一人起し、朝鮮人であるかどうかを確めはじめました。私たち十五人のほとんどが日本語を知りません。そばに来れば、朝鮮人であることがすぐ判ってしまいます。武装した自警団は、朝鮮人を見つけるとその場で、日本刀をふり降し、または鳶口で突き刺して虐殺しました。……このまま坐っていれば、私も殺されることは間違いありません。私は横にいる弟勲範と義兄（姉の夫）に合図し、鉄橋から無我夢中の思いでとびおりました。（「無数の傷跡」『ドキュメント関東大震災』）

慎さんはその後、川の葦の中に隠れたが、自警団に見つかり、日本刀で切りつけられ、気を失ったのを死んだものとして鳶口でひきずられ、寺島署の死体収容所に放置された。そこで弟と再会、水を飲ませてもらって蘇生、しかし警察は水を飲むのも妨害し、手当も何もしなかった。一〇月、朝鮮総督府の役人がやってきて日赤病院に移転させられる。「このたびのことは天災と思って諦めるように」といわれた。一年六カ月で退院、朝鮮に帰ると、故郷だけでも一二名も虐殺されていた。指を失い、胸の刀傷や足の傷に生涯苦しんだ。

慎さんの話の続き

とにかく亡国の民というのはみじめなものです。私はこのことをいつも息子たちに言い聞かせてきました。あれだけ惨酷な虐殺にあっても、国がないために抗議一つできませんでした。

私の身体を一生涯不具にさせ、多くの同胞の生命を奪った日本帝国主義に対する憎しみは、一生忘れることはないでしょう。

『大正大震火災誌』では、本郷駒込警察署の次のような報告を載せている。「二日午後……鮮人に対する迫害漸く行われ、早くもこれを捕えて本署に同行する者あり。つきてこれを検するに爆弾なりとせるものはパイナップルの缶詰にして、毒薬なりとせるものは砂糖の袋なりき。……自警団の粗暴なる行動相次いで演出せられ、同三日午後二時頃駒込追分町において通行人四名に重傷を負わしめ、五日には公務を帯びたる輜重兵《しちょうへい》中尉を嫌疑者として本署に拉致せるなどのことありしのみならず、戒厳令を誤解して、警察権はすべて軍隊に移れりとなし、眼中また警察なきに至る」。

本郷本富士署の報告でも、自警団に警告したが、彼らは容易に耳を傾けず、ますます狂暴になったのは前述の通り。

五〇万人が避難した上野の山周辺でも、「精養軒の前の井戸水の変色は毒薬を入れたため」「上野松坂屋に爆弾二個を投じた朝鮮人二名を逮捕」「上野駅焼失は朝鮮人の放火によるもの」といった流言が広まった。

柳沢昌一さん（上野広小路）**前掲**

上野の山で米を炊き、そのあと三河島の親戚のところへ逃げました。あの辺はまだ農村だったね。みんな殺気だってね。その三河島田んぼを棒っこで「あそこに朝鮮人がいるぞ」とばさばさ叩くんで、せっかく実りかけたお米がぜんぶだめになっちゃった。（二四号未使用原稿）

九月三日、警視庁は、「朝鮮人の大多数は温良なる故、彼らを迫害し乱暴せぬように」という趣旨のビラ三万枚を市内各所に撒き、張り出した。マッチポンプそのものだ。

埼玉県本庄駅において、列車に乗っていた朝鮮人が青年団などに降ろされて警察に連行された。九月四日、警察は彼らをトラックで県外に移送しようとして自警団に検問され、トラックの一台は本庄警察に戻ったところを三〇〇〇人とも言われる暴徒化した民衆が襲いかかり、九〇名近くが殺された。民衆が警察署に乱入、破壊、略奪を行った。その後、九月二二日、騒擾事件の犯人が検挙され、一〇月二二日から浦和地方裁判所で裁判が行われ、一一月二六日に判決がおりたが、刑の重い者で懲役二年くらいだった。いわゆる本庄事件である。同じようなことが群馬県藤岡でも起こった。

神奈川県では東京府より朝鮮人虐殺が激しかった。そのなかで神奈川警察鶴見警察署長大川常吉が死を賭して朝鮮人・中国人三〇〇余名の命を保護したことは特筆に値する。聞き書きではないのだがここに記す。

大川は九月二日、自警団が「持っている壜に毒が入っている、たたき殺せ」と四人の男を連れて来たとき、「それなら諸君の目の前で飲んで見せよう」といって目の前で壜の中身を飲み、暴徒を納得させた。この四人は中国人だった。

翌日は三〇〇人の朝鮮人及び中国人を鶴見署に保護。一〇〇〇人の群衆が署に押しかけ、引き渡しを要求したとき、大川は「朝鮮人たちに手を下すなら下してみよ。はばかりながら大川常吉が引き受ける。この大川から先に片付けた上にしろ。我々署員の腕の続く限りは、一人だって君たちの手にわたさない」と言明した。そのとき署員は三〇人だった。一九二四年には鶴見区在住の朝鮮人一同から感謝状が贈られている。大川家の菩提寺、鶴見東漸寺には「在日朝鮮統一民主戦線鶴見委員会」が大川常吉を顕彰して一九五三年に建てた石碑が存在する。

山本権兵衛内閣は九月五日に「鮮人に対する迫害に関し告諭の件」を出した。犠牲となった朝鮮の人々の数は明かではないが、当時の司法省発表は二三三名、政治学者吉野作造の著作では二六一三名余、横網町公園内の関東大震災朝鮮人犠牲者碑には六〇〇〇余名と刻まれている。船橋市の慰霊碑では六三〇〇名余となっている。

少し先になるが、宮本百合子は一〇月二二日の日記に、「埼玉県その他で、自警団の行った殺人行為が法規によってただされ始め、県知事の内訓の過激なこと等曝露される」と記している。

朝鮮人を虐殺した警察・軍と民衆のマスヒステリーについては西崎雅夫『関東大震災 朝鮮人虐殺の記録』の大著があり、一一〇〇の証言を集積したそちらにゆずる。この本は私たちの聞書も収めている。いくつかは引用させていただいた。またより若い世代による加藤直樹『九月、東京の路上で――1923年関東大震災ジェノサイドの残響』もある。

いずれにせよ、一九一〇（明治四三）年の日韓併合で、日本は韓国を植民地とし、強圧的な支配を行っていた。そのことへの慚愧の念と、いつか仕返しされるのではないかという、恐怖感が心の底にあった。一九一九年の三・一独立運動なども日本人の恐怖を加速した。同時に当時、日本にいた朝鮮の人々は低所得の肉体労働者が多かったことも、異端視や軽侮の気持ちを助長したと思われる。

二〇二三年六月一五日、福島瑞穂参議院議員（社民党）は国会で「関東大震災直後、内務省が『朝鮮人による放火や爆弾投擲などがあいつぎ首都に戒厳令を出さざるを得なくなった』という電報を全国に発信。朝鮮人虐殺は政府発の流言によって行われたのではないか」と質問したのに対し、齋藤健法務大臣は「出来事から学ばなければならないことはたくさんある」と答弁した。

中国人の虐殺

関東大震災における朝鮮人の犠牲者についてはよく知られているが、中国人たちも故なくして殺された。その総数は不明だが一説には最大七五〇人ともいう（『東京新聞』二〇二三年四月九日）。

その中でも大島地区（今の江東区内）には水路を利用した荷揚げに携わる「華工」という中国人労働者が多く、彼らは九月三日に四〇〇人以上が殺され、軍隊や警察、民衆によってこの件は闇に葬られた（大島町事件）。

中国人労働者の待遇改善などに奔走していた王希天（第八高等学校で学んだ代理牧師）は震災後、早稲田界隈の下宿に難を逃れていたが、江東地区での同胞の虐殺の噂を聞き、親しかった救世軍の山室軍平に身分証明書を書いてもらい、大島地区に向かった。途中、神田の救世軍も中華ＹＭＣＡ会館も焼け落ちていた。

王は亀戸署に連行され、習志野連隊に護送されようとした九月一二日、虐殺された。下手人は垣内八洲夫中尉。横浜でも一五〇人の中国人が殺されたという。

日本政府は九月一五日から在日中国人の無料本国送還をはじめ、こうした事件を知らなかった民国政府はこれを歓迎し、震災見舞いの拠金をはじめていた。詳しくは田原洋『関東大震災と中国人』、ほかの労作をお読みいただきたい。

殺された、間違われた日本人

風体や方言から朝鮮人と間違われて殺された日本人もいる。九月六日、千葉県東葛飾郡福田村（現在の野田市）で、香川県からの薬の行商団一五名が川沿いで休憩していたところ、地元の自警団に暴行され、鳶口や棍棒で妊婦や幼児三人を含む九名が殺された。駆けつけた本署の警察部長が「殺すことはならん」「わしが保証するからまかせてくれ」と説得してかろうじて六人が生き残った。讃岐なまりの言葉が通じなかったこと、行商人に対する蔑視があったことなども原因とされる。八人が騒擾《そうじょう》罪に問われたが、量刑は懲役三〜一〇年にとどまり、それも昭和天皇即位による恩赦で釈放された。この福田村事件に光が当たり、真相究明と追悼の動きが進んだのはじつに関東大震災から五〇数年が経過した一九七九（昭和五四）年以降である。

金子光晴

各町内に自警団が組織され、椅子テーブルを持出して通行人をいちいち点検した。髪の毛をながくしていたために社会主義者ときめられて、有無を言わさず殴打され

たうえに、警察に突出されるのを、僕は目撃した。アナーキストだった壺井繁治などが逃げあるいたり、弘前なまりのために、鮮人とまちがえられた福士幸次郎が、どどいつを唄って、やっと危急をのがれたりというようなことが、あっちでもこっちでもおこった。(『詩人——金子光晴自伝』)

西崎の『関東大震災 朝鮮人虐殺の記録』にはほかにも、谷中墓地で提灯を付け、抜刀して通行者を誰何していた町人の姿、「のらくろ」で一世を風靡した田河水泡《たがわすいほう》が長髪のため社会主義者と間違えられ、絵描きだと証明するためズボンについた絵の具を見せた話、後に劇作家となる千田是也は朝鮮人と間違われ、辛くも難を逃れてから「千駄ヶ谷のコレヤン」という芸名をわざとつけた話なども登場する。アナキスト詩人の壺井繁治は、水色のルバシュカを着ていて朝鮮人と間違われ、慌てて薄いメリヤスのシャツ一枚となったという。

社会主義者の拘束

流言飛語が飛び交い、戒厳令が敷かれると、日頃より尾行などがついていた要注意人物は、「暴徒などから彼らを守る」という言い分で「保護検束」された。信州出身で東京美術学校卒、谷中善光寺坂下で「へちま」なる一膳飯屋をやっていた画家の望月桂も検束されたと、子息望月明美さんから聞いた。望月桂は『黒耀』という雑誌の編集人で、アナキスト系の画家だった。震災のころ飯屋を辞めて千駄木の、今のみずほ銀行の裏あたりに住んでいたようである。林町に住んでいた吉野作造門下で黎明会の麻生久なども保護検束された。ほかにアナキスト系の平林たい子、山本虎三など多数が予防検束されている。

伊福部敬子《いふくべとしこ》（谷中）

（二日）夜になると、近所にいる彼（伊福部隆輝《たかてる》）と同じ文筆の仕事をしている人の中でも親しい友人が、三人五人と警察に検束されたことがわかった。朝鮮人暴動の流説が人々をおびえさせ、一方には社会主義者の叛乱が誤りつたえられ、無警察状態となった巷々では、喧嘩や私闘や暴行があり、日頃町の人々とあまり親密にしていないものは、社会主義の名で暴行せられるかもしれない、というので、傾向をもった文筆業者は悉く保護のために検束したらしいのである。（『母なれば』）

伊福部夫妻とも生田《いくた》長江《ちょうこう》の弟子である。隆輝は一九二三（大正一二）年橋爪健らと『感覚革命』を、翌年陀田《だだ》勘助《かんすけ》らと『無産詩人』を創刊。敬子は戦後、厚生省社会局に勤務、宮崎県婦人児童課長や東京民事裁判所調停委員などを務めた。

亀戸事件

九月三日（四日、五日説もあり）、平沢計七《けいしち》ら南葛労働会の幹部らが殺された。犠牲になったのは川合義虎《よしとら》、平沢計七、加藤高寿《こうじゅ》、北島吉蔵《きちぞう》、近藤広蔵《こうぞう》、佐藤欣治《きんじ》、鈴木直一《なおいち》、山岸実司《じつじ》、吉村光治《こうじ》、中筋宇八の一〇人である。亀戸警察署内の広場または荒川放水路で、戒厳司令部直轄部隊である習志野騎兵第一三連隊によって殺された。これらの人々は夜通し、被災者救済に活動中であった。

遺族、労働総同盟、そして調査を依頼された自由法曹団の布施辰治、山崎今朝弥《けさや》はじめ多くの弁護士（中には戦後社会党内閣の首班を務めた片山哲もいる）が真相の究明に活動したが、「戒厳令下での適正な軍の行動」と不問に付された。一〇月一〇日になって、ようやく警察発表があった。発表者は亀戸警察署長古森繁高、談話を出したのは警視庁官房主事正力松太郎である。

年末の第四七帝国議会において、横山勝太郎議員がこの事件について質問書を提出した。これに対し一二月二〇日、当時の内務大臣後藤新平、陸軍大臣田中義一の連名で答弁書が発表された。これによると「検束後も、盛んに革命歌を高唱し、喧噪を極め、警官の命に服さず、激しく抵抗した。所内にいた七六〇名の収容者に波及しては重大なので、衛戍勤務令第十二に基づき彼らを刺殺した。この死体を遺族に引き渡すのは人心を動揺させるとの判断で役場に引き渡し火葬にした」ということである。

しかしその場の証言から、「革命歌を高唱し、名状すべからざる混乱を引き起こした」などは疑わしいとされている。

この事件については「亀戸労働者殺害事件調書」をわかりやすく抜粋しながら独自の文学作品に昇華した金子洋文の『種蒔き雑記』が残されている。ちなみに彼は小牧近江《こまきおうみ》とともに暗い時代に火をともした雑誌『種蒔く人』の主宰者で、谷中の大名時計博物館の前に住んでいたことがある。

かつての南葛労働会の事務所に近い亀戸駅近くの浄心寺には「亀戸事件犠牲者之碑」が一九七〇（昭和四五）年になって建てられた。

亀戸署では、九月四日夜にも、警察に反抗的な自警団員四名、木村丈四郎、岩本久米雄、鈴木金之助、秋山藤四郎が制服の巡査に暴行を加え逮捕された。留置場内で騒ぎ立てて警官の手に負えないということで、刺殺している。また九月三日から五日にかけて数十人の朝鮮人や日本人、中国人が殺されたともいわれている。（二村一夫「亀戸事件小論」ほかを参照）

被害者、川合義虎は一九〇二（明治三五）年、長野の上田生まれで、日立鉱山の旋盤工となった。一九二〇（大正九）年、暁民会に参加、渡辺政之輔らと南葛労働会を結成、野田醤油の労働争議などを指導。一九二三年春、日本共産青年同盟の創立と共に委員長を務める。九月一日、川合は麻布から家に帰る途中、家の下敷きになっている母子を見て、母親は助けられなかったが幼児三人を助け出し、食物を与え、上野の山で抱いて過ごした。三日になって亀戸警察により連行、銃剣で刺殺されたものである。まだ二一歳であった。

いっぽう、平沢計七には大和田茂・藤田富士男両氏編纂による大部の『平澤計七作品集』のほか、大和田茂解説、年譜などによる『一人と千三百人／二人の中尉――平沢計七先駆作品集』がある。

平沢は一八八九（明治二二）年、新潟の小千谷出身、国鉄労働者から文化活動家になった。その日暮らしの賃金で酒や女に溺れる「職工」文化を変えようとした平沢計七は、大地震の当日、倒壊した仲間の家を片付け、地域の消火活動に従事、行方不明者の捜索をし、夜警にたって連行されようとする朝鮮人一家を在郷軍人から守っていたという。そうして三日、亀戸署に連行されて殺された。享年三四歳だった。

大杉栄・伊藤野枝事件

九月一六日、アナキスト大杉栄が内縁の妻伊藤野枝と甥の橘宗一を連れて外出中、憲兵隊に捕まり、扼殺された。伊藤野枝は産後ほどなく、二人で伊藤の前夫、ダダイストの辻潤を鶴見に見舞ったが不在だったので、近くにいた大杉の弟の家を訪ね、末の妹のあやめの息子宗一が「東京の焼け跡が見たい」というので連れ出した。当時、憲兵大尉であった甘粕《あまかす》正彦らは自宅近くから大杉らを麹町憲兵隊分隊まで連行し、夜になって三人を扼殺し、構内の古井戸に投げ込んだ。甥の橘宗一に直接に手を下したのは命令された鴨志田安五郎、本多重雄両上等兵とされる。

宗一はアメリカ国籍を持つ日本人貿易商の夫と大杉の妹あやめの間の子で、米国大使館経由で捜索願が出され、国際問題となった。警視庁、内大臣、総理大臣にまで伝わり、憲兵司令官小泉六一少将らが停職処分となった。

大杉栄はアナキストの首魁として、以前から尾行がついていた。「一犯一語」と称し、獄中で語学の勉強をし、ファーブル『昆虫記』やダーウィン『種の起源』の翻訳もしている。震災の直前にベルリンの国際アナキスト大会に出席するため、船で密航し、パリ郊外のサンドニの労働者集会で演説してラ・サンテの牢獄に収監、マルセイユより強制送還されて帰国した後の出来事だった。

この事件には甘粕ら、もっと上層部が関与していた疑いも持たれている。「甘粕事件」ともよばれ、甘粕と森が一〇月八日から軍法会議にかけられ、甘粕大尉は懲役一〇年、森曹長は懲役三年と判決がくだされた。その後をいえば、甘粕は摂政宮ご成婚の恩赦により三年で出獄、陸軍の官費で夫婦でフランスに留学、後に満州に渡り、満州映画協会の社長になったが、敗戦後の八月二〇日、青酸カリを飲んで自決した。

一二月一六日、甘粕大尉らに殺害された大杉栄、伊藤野枝、橘宗一の葬儀が谷中斎場にて午後一時から行われた。警視庁特別高等係は労働係と打合せ、二〇〇余名の警官で厳重な警戒をする。この前日、大杉、伊藤の遺骨を安置していた駒込片町の労働運動社に朝、大陸浪人下鳥繁造らが押し入り、遺骨を奪って逃走し、右翼団体大化会の岩田富美夫にわたすという珍事が起きた。葬儀は遺骨なしで行われたが、のちに同志の元に戻った。

翌一九二四（大正一三）年九月一日、大杉の同志たちは、本郷菊坂長泉寺に講演に来た震災時の関東戒厳司令官福田雅太郎の暗殺未遂事件を起こした。彼らは福田大将が大杉殺害命令を出したと思っていた。労働運動社の大杉の長い盟友、和田久太郎、村木源次郎らが捕まった。結核を患っていた村木源次郎は予審中に病死、和田久太郎は一九二八（昭和三）

年、「もろもろの悩みも消ゆる雪の風」という句を残して秋田監獄で縊死した。

また戦後になって、当時の軍医田中隆一による大杉らの死因鑑定書が公表された。それによると、死体は菰包みにされ、麻縄で縛られていた。大杉はただの扼殺ではなく、蹴る、踏みつけるなどの外力による胸部骨折があり、また伊藤野枝には出産直後の子宮肥大が見られた、という。

虎ノ門事件――摂政宮狙撃

この事件は直接震災に関係しているのではないが、間接的には地震がなければ起きえない事件、また別の影響も与えた事件なので、ここに記しておく。

一九二三（大正一二）年一二月二七日、国会開会に出席のため貴族院へ自動車で向かった摂政宮裕仁親王（後の昭和天皇）を、麹町区虎ノ門外で二四歳の無政府主義者、難波《なんば》大助《だいすけ》が狙撃した。

場所は「あめりか屋」という家具屋の前、芝区新橋あたりには洋家具屋が多かった。そこにいた群衆の中から男がステッキ仕込み式の散弾銃で狙撃し、摂政宮は無傷だったが、同乗の入江為守《いりえためもり》東宮侍従長が軽傷を負った。これによって九月二日に成立したばかりの第二次山本権兵衛内閣は総辞職し、清浦奎吾に組閣の大命が降下した。後藤新平は四カ月で内相の座を水野錬太郎に譲り、震災復興にとっては大きな痛手となった。

難波大助は山口県熊毛郡周防村（現在の光市）の長州藩の藩士であった名家の四男に生まれた。鴻城中学時代は皇室中心主義者だったが、上京後、四谷鮫ヶ橋のスラムの現実などを見て、次第に社会問題に目覚めた。早稲田第一高等学院に入学したが一年で退学し、日雇い労働者として働き、関東大震災後の亀戸事件や大杉事件を知り、義憤に駆られたようである。

襲撃に用いられたステッキ散弾銃は、伊藤博文がロンドンで購入し、人を介して難波の父難波作之進に送ったものと伝えられる。父難波作之進は当時、衆院議員だった。

駒込林町にいた二四歳の宮本百合子日記。

今日A（夫荒木茂）が狙撃者は或代議士の息子だときいて来た。大河内正敏の子がアナーキストであるのと好一対だ。私共中流の、所謂健実な同時に呑気なアンポンタン式の圏境に育ったものにはわからない或雰囲気が、ああいう華族、政治商売人の家庭にあるのだろう。

難波は「革命万歳」と叫び、摂政宮を乗せた自動車を追うも取り押さえられ、逮捕後、大逆罪で起訴され、翌年一一月一三日に死刑判決、即一五日に死刑を執行された。侍従がかすり傷を負っただけなのに死刑とは、今ではあり得ない。一方で朝鮮人を殺した人々は無罪放免、あるいは起訴されても微罪ですんだ。

父難波作之進は、息子の遺骸の引き取りを拒み、自邸の門を閉じ、半年後に死去した。六一歳だった。長男は家を出て別家をたて、難波家は絶えている。

不自由な暮らしを強いられる中で流言飛語が飛び交い、人々は不安に陥った。戒厳令が敷かれ、佐藤春夫は「サーベル礼賛」の中で「軍隊が無かったら安寧秩序が保てなかっただろうと考えさせられるのだから、この際、御同様、礼讃すべきものはやはり威光燦たるサーベルではあるまいか」と「軍人の威力」について書いている。

そのような軍や警察への過信が強まり、戦争への道がつくられていったことも忘れたくない。

宮武外骨

『震災画報』でいち早く知らせる

地震当時、上野桜木町に住んでいたジャーナリスト宮武外骨はさっそく『震災画報』を創刊、まだ映像のない時代の地震速報に努めた。

宮武外骨は香川県生まれ、一〇代で上京、本郷壱岐坂の進文学社に学んだ。一七歳で外骨と改名、最初の妻をめとる。最初の雑誌を一八歳で出す。二二歳で『頓智協会雑誌』を創刊、筆禍で投獄される。自称「雑誌道楽」「ワイセツ研究の大家」「つむじ曲がり」「ふざけた人物」である。『谷根千』ではこのミニコミの先輩に愛を込めて四七号で特集を行った。ユーモアと反骨には共感したが、女好きと女性蔑視には耐えがたい部分もあった。

しばらく大阪で活動したが、一九一五（大正四）年に東京へ戻り、根津藍染町の会津館に投宿。翌日、上野桜木町一七番地へ住まいを定め、半狂堂と名付ける。同棲二四年の妻八節《やよ》を失い、円珠院裏の二二番地へ移り、町内雑誌ともいえる『スコブル』を発刊。そして震災が起きたとき、外骨は自宅の二階にいて、五六歳だった。『震災画報』一巻には、地震後の数日が詳細に記されている。

ミリミリと来て、隣の間にあった六尺の洋装本棚が襖二枚とともに客室へ倒れたのにびっくりして屋外へ逃出し、その後余震が頻来するので、近傍の人々とともに谷中墓地の一隅で野宿し、明二日は前日来るはずの米屋が全焼で米を持って来ず、近所で奪合うようにして買入れた玄米を梅干壺に入れ摺木で半白にする事を担任し、夕刻からは桜木町会の招集に応じて夜警隊の配置監督役になり、不眠不休で五日間続け、七日八日はくたびれで安眠、九日から本書の発行準備に着手……

上野桜木町にお住まいだった演芸評論家の波木井皓三さんは話してくれた。

「春日とよさんの一軒おいて後隣に、江戸明治文化の研究家宮武外骨先生が住んでいました。私が小学校時代に弟とキャッチボールをやっていて、私の投じた球が宮武家の門灯にぶつかってしまったのです。さっそくお詫びに行くと二階で研究しておられた先生が降りてこられて『大馬鹿者奴』と怒鳴りつけられたということがありました。外骨先生は奇人で関東大震災の時には私の家の前の通りにござを敷いて、そこへ自分の著書をそろえて売却していました。普通の学者にはできないことです」(二七号)。

九月二日から、夜警隊の配置監督役を不眠不休で務め、四日からはノートと鉛筆を持って外骨は被害状況の取材をはじめる。九月二五日、『震災画報』を創刊、罹災者を雇い、辻売りした。創刊号は五〇〇〇部を刷り、一冊三〇銭、翌年一月までに六号を出した。波木井少年が見たのは著書というより、半狂堂制作の雑誌のバックナンバーや『震災画報』だったかもしれない。

震災後、バラック町、天蓋村、自警団、社会奉仕等という言葉が流行った。『震災画報』二巻は、以下のような流行を拾っている。


昨今最も広く一般に行われているのは、「此際」という語である。その例、

「此際の事ですから御辛抱下さい」

「何といっても此際にはダメでしょう」

「此際そんな事をしてはならぬ」

「平常ならともかく此際には遠慮すべしだ」……


特集のとき甥にあたる吉野さんと地域を歩いた。吉野氏の母は宮武外骨の最後の妻の妹

で、母子で外骨夫妻と暮らした。「子どもの頃、表札が外骨というのが恥ずかしくて。明治新聞雑誌文庫で滑稽新聞を見たときにはびっくりした。これをあのおじいさんが作ったとは、と」。外骨は晩年、尾佐竹猛《おさたけたけき》や吉野作造と協力して、東京大学法学部附属明治新聞雑誌文庫のために資料を集め、今も一般に開放されている。

上野山王台の西郷隆盛銅像
尋ね人の貼紙数百枚
前例の無い悲痛な奇現象
歴史にも記録にも小説にも口碑にもない
哀れな共通的人情の發露
上野の西郷さんの像には、尋人の張り紙が無数に貼られていた（『震災画報』）

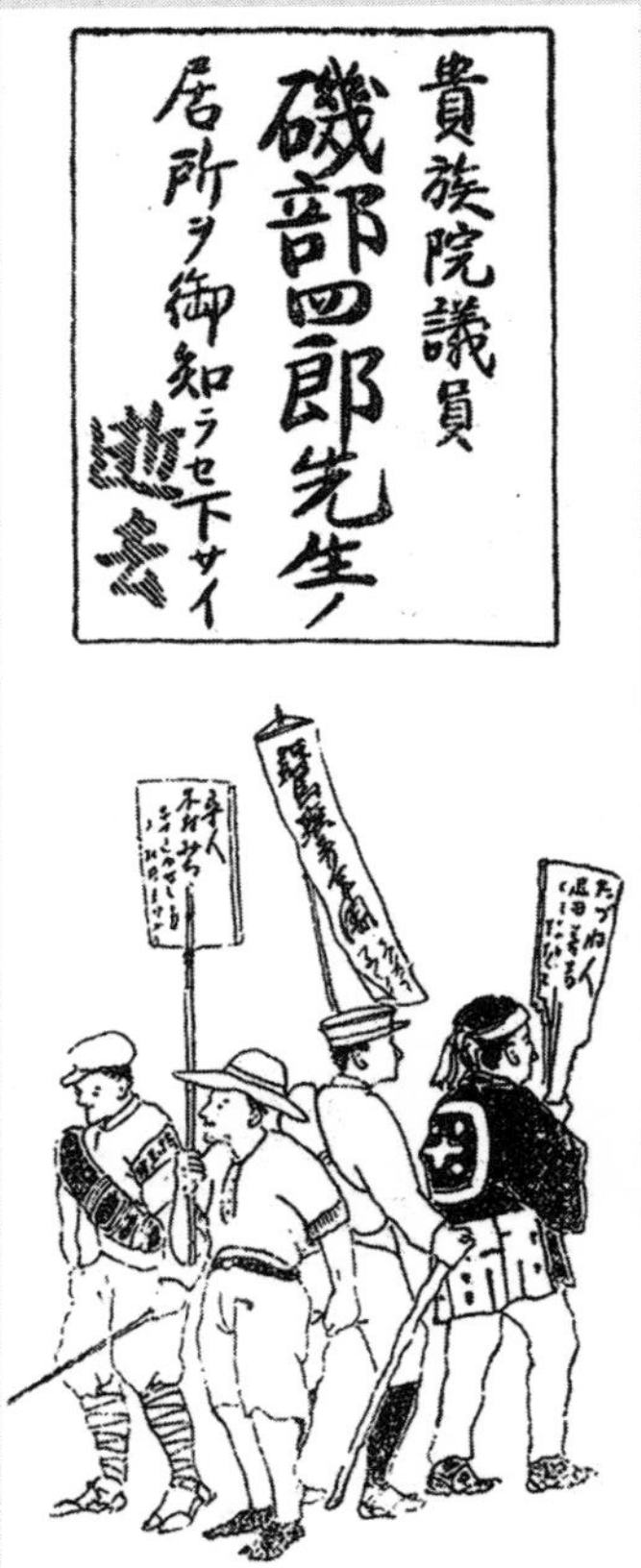

尋ね人の貼り紙（宮武外骨『震災画報』）

第5章

救援——被災者のために

発災後、二週間くらいのうちに住民達はどんなことに困ったか。

中川六郎さん（**動坂上**）**前掲**

震災とともに、市民の足であった省線（今の山手線）や市電（今の都電）が全面運休で、復旧に時間がかかった。通信電話も丸の内の本局が崩壊、麻痺状態。電灯も各地で木製丸太の電柱がたおれ、電線も焼け、停電になった。ガスは動坂辺には普及していなかった。おかげでガス爆発の心配はなかった。上下水道はまだ動坂にはなく、日常の飲み水は共同井戸を使っていた。道路は未舗装の赤土で、各所で地割れが見られ、ズタズタだった。千駄木小学校は被害はなかったがしばらく休校になった。消防は機械化への転換期で、ドイツからの輸入車が主流だったが、台数が少なく、東京中が火災では手の施しようがなかった。（二四号未使用原稿）

こうした住民の困難に対し、谷根千地域が関わる二つの行政、『本郷区史』と『下谷区史』（『附録大正震災志』）から、主に当時の役所などがどのように震災の救援に動いたかを見ておこう。

当時は現在のように、役所内に災害対応マニュアルはなかった。一八九六（明治二九）年の三陸大津波を経験し、どちらかと言えば、地震対策は津波を警戒するものだった。鈴木淳は『関東大震災』で「二日の帰宅はともかく、せめて二日の朝に家を焼かれなかった職員だけでも総出勤して連絡や情報収集にあたっていれば、救護活動はほぼ一日早く進展していたように思われる。しかし、呼び出しの手段もなく、再出勤の判断は各自にゆだねられた」と書いている。

行政の避難援護と食糧配給

九月二日未明、本郷区役所は大亀裂を生じたが無事。隣接する下谷区、神田区などから焼け出された罹災者が一時は一二万人ほど避難。区役所は罹災者救護を開始。本郷高等、追分、誠之、駒本、根津、本郷の六小学校に避難者二二一九名を収容、死者、傷病者を本郷区役所に運び、帝大医学部より医師が派遣され、治療した。一方、上野駅の東側、現在地にあった下谷区役所は焼失。

九月二日夕方、駒込警察署に群馬県から白米八〇俵、麦三〇俵、パン二〇斤、埼玉県から握り飯一五箱など届く。「本署はこれを折半して救護用に供し、その一部を浅草象潟署に分配し、本署においても炊き出しを開始して、署前通行の避難者に配給した」。(『本郷区史』)

東京市役所では庁内に大釜をすえ、罹災民のために大炊出しを始め、炊き上がるとすぐさま自動車に満載して市中をめぐった。だが、混雑をきわめた群衆は握り飯自動車と見るや、たちまち包囲して係員の手をまたず、自動車によじ登り、手づかみして頬張る。そのさまは、まるで餓鬼のようであった。(『ドキュメント関東大震災』)

九月三日月曜日、本郷区役所では、職員を茨城、栃木に出張させて食料を買い集め、または被害のない地域から食糧を徴発。区役所内に炊事場を設置。さらに、真砂、富士前、千駄木の各小学校を避難者に開放。午後、雨。野宿していた避難民はずぶぬれになる。

九月四日早朝、東京市より玄米の輸送を受けることができた。これらは救済米として一人あたり一日二合ずつ配り、あとは白米一升四五銭、玄米一升四〇銭で売った。同日、食糧不足で群衆が青物商を拉致して、運搬中の大根、たくわんなどの分与を強要。電灯がないので、ろうそく購入。

上野公園には東北各地より来援あり。また被害の少なかった本郷区有志、帝大学生団、日本女子大桜楓会なども来援。

第一中学校内の警視庁救護所に集められた迷子。みんなでおにぎりを頬張る

九月六日、各収容所に炊事場を分設。避難者に玄米握り飯、玄米、汁を給与す。一一日まで。

九月八日早朝、陸軍省より副食物や鮮魚二〇〇貫、本郷区役所に届き、一一日まで各町会に分配、配給を依頼。西片町の阿部伯爵家より避難者収容の申し出あり。この時点で本郷区の避難民九万八九九人に減少。

九月一〇日、興安寺、長源寺、教元寺、専西寺、真浄寺の五カ所を避難所に。焼け残り地域、谷中小学校で米の有償販売。湯島小学校の焼け跡に罹災者収容バラックの建設に着手。一五日収容通達。

九月一一日、陸軍省より天幕貸し付けの通知あり。東京市も二〇〇張を上野公園に。東京自治会館前に市の避難民収容所設置。

九月一二日、米四〇俵の受け取りのため、本郷区職員が荷馬車で大宮を往復。
食料販売所は区役所、富士神社境内、根津小学校、本郷高等小学校、坂下町旧車庫あと、本郷五丁目伊藤卓夫倉庫内など。そのほかの販売品は、ローストビーフ、牛肉大和煮、鯛でんぶ、福神漬け、卵、大根、馬鈴薯、甘藷、たくあん、塩など。
九月一三日、上野公園で帝大救護班が混乱状態の整理と配給の体系整備を行う。
九月一四日、米屋は公定価格で売ることを通達。暴利を防ぐ。

水の確保はどうだったか。田上さんは小学生だった。

田上秀夫さん（**小石川林町**）**大正二年生まれ**

地震と同時に電気、水道は止まりましたが、その当時、ガス灯の残っている家では何軒か電気のかわりにガス灯をとぼしました。……

なにしろ水道が止まったので水がなくて困り、明化小学校にあった井戸水が何よりの頼りでした。住み込みの用務員さんから水をもらって、近所の人は助かりました。酒屋はビールビンに井戸水を入れて、電車通り（白山通り）を通る人に売っていました。食糧は三日ぐらいのあとに、地方から救援物資が入ってきて、大豆などを

分け合っていました。（『文京の震災戦災体験談』）

島田一郎さん（**小石川**）**大正二年生まれ**

当時、在学中の東京・小石川の礫川《れきせん》小学校では、この年の六月にプールが完成し、夏休み中、水泳を楽しんだ。

たて二五メートル、よこ一〇メートルのプールである。このプールの水が、水道が止まったため、命の水となった。

人の泳いだ水なんて汚くて飲めるかと言っていたのが、近所の人たちが争うように、縄をつけたバケツでくみ出し、二週間目には底が現れてしまった。（『文京の震災戦災体験談』）

大畑三次郎さん（**蓬莱町**）**前掲**

当時の飲料水はまだ井戸水を使う家庭が多く、井戸の中に毒物を入れられるというニュースが入り、各井戸には蓋がつくられた。釣瓶式井戸には交代で番人が置かれ、勝手に水を汲むことが出来なくなり、たいへん不便になりました。（『文京の震災戦災体験談』）

大畑さんは「治安の方は警察だけでは不十分だったのでしょう。蓬莱町の瑞泰寺に軍隊が派遣され、駒込周辺の治安にあたり地域を巡回して民心の安定に努めたそうです」と述べている（私事ながら、この寺は私が数年借家して『寺暮らし』を書いたところである）。食糧はどうだったか。

菅沼信夫さん（目白台）**明治四一年生まれ**

高台だったためか井戸が多く、井戸水が容易に手に入り水には苦労しませんでした。玄米も配給され、細川邸の屋敷のところで、自動車のエンジンを利用して精米機を動かして玄米を白米にして食べた思い出もあります。しかし、全般的に食料が思うように手に入らなくなり、物価も急に上昇し生活がしにくくなりました。商人もいい人ばかりでなく、何とかこれを機会にもうけようと、この際とばかりにきたない商法をとった商人もいて、憲兵の取り調べを受けた人もいました。（『文京の震災戦災体験談』）

九月一五日、摂政宮（のちの昭和天皇）が東京の被災地を視察した様子が記され、上野公園

摂政宮（のちの昭和天皇）が上野公園を視察

で写した写真が残っている。

摂政殿下には災害地ご視察のため豪雨を冒して十五日午前六時赤坂離宮御出門、カーキー色陸軍少佐の通常礼装で御愛馬にまたがり、奈良武官長、西郷事務官ら扈従《こじゅう》し、四谷見附から市ヶ谷見附、九段上に出で、また板橋、水道橋、春日町、本郷三丁目を経て上野公園に御着、西郷銅像前で御小憩、供奉の近衛師団長のご説明により荒廃せる下谷、上野、浅草、本郷、深川方面を望ませられ、焼け野原に焦げたる樹木の転々たる様にご感慨深く、さらにはるか本所方面に雨中煙の立ち上るは三万二千の死者を出した被服廠跡なることを申し上げると殿下は悲愴の御面持ちでしばらく注視遊ばされた。つづいて湯浅警視総監が火災の状況、死傷者の数、伝染病および避難者の情況などいちいち統計にもとづいて詳細申し上げた。（『時事新報』九月一六日）

摂政宮は「おいおい寒気にむかうが、罹災者の被服はどうするか」と問うたという。帰りは神田旅篭町、万世橋、須田町、日本橋、桜田門、三宅坂、半蔵門から住まいである赤坂離宮へ。このとき、父大正天皇は日光の御用邸で療養中だった。

九月一九日、これより本郷区の町会は米の配給をやめ、給米券を配るだけにする。救助がいらない人にまで配るなどの不正が見られたため。

玄米のおにぎりが固かったとか、玄米を白米について炊いたという経験を述べている人は多い。とにかく、行政側が食糧供給に必死になったのは、その数年前に米騒動、食糧欠乏による民衆の暴力が起きたのを警戒したのだろう。

次は仮設住宅の建設だった。

九月二〇日、警視庁、池之端バラック一〇七三世帯、竹の台バラック一四八一世帯を作る。バラックとは本来、兵舎を指すが、転じて災害後の仮設住宅のこともいう。

柳沢昌一さん（**上野広小路**）**前掲**

役所が池之端にもバラックを建てたんですけども、上野の山の方に出来た方がよかったんで、そっちに入れてもらいました。（二四号未使用原稿）

白根乃亮さん（**千駄木町**）

関東大震災から間もない大正一三年頃、上野松坂屋へ勤めていた兄の家へ転がり込んで、私の東京暮らしが始まりました。

三年ばかりしてかみさんをもらって、千駄木の兄の家のそばに居を構えたのです。このあたりはじつに静かなところで、すぐ近くに汐見小学校がありました。勤め先は銀座で、市電「団子坂下」の線路を横切って谷中の坂をあがり、上野公園を抜けて、「上野公園口」から省線、今の山手線で有楽町に通ったものです。震災の傷跡はまだ生々しく残っていて、公園内にはバラック生活の人が大勢苦しい生活を続けている姿を見て「お気の毒に」と思いました。（三四号）

また「バラック令」により、全焼者には一人一戸一〇坪を限度として、木とトタンを行政が提供し、自前で大工が建てた。

『本郷区史』には、「十七日隅田川配給所において材料交付を開始し、京橋区明石町水上警察署跡配給所も十八日より開始することとなったので、区においてはこの日証明書交付を開始した」とある。

小川秀次郎さん（三ノ輪）**明治四三年生まれ**

関東大震災の時はもう十四、五歳（実際は一二、三歳）になってました。父は指物師で、骨董品を入れる桐箱を作ってました。

私のところの長屋も焼けました。家を建てようということになり、噂で、材木をただでくれるところがあるというのです。どこかと思って聞くと、それが南千住の（駅の？）構内で、材木を持って行けといっている。船で隅田川を来て、構内に材木を上げていた。巡査が持って行けということで、みんなして担いで運びました。車はないし、けっきょく担ぐしかないので、十日も十五日もそうやって運んだわけです。ほんとのバラックで、境目がなく造ったから、隣りの食事がみんなみえちゃった。（『古老がつづる2』）

九月二九日、第一高等学校構内の避難者を旧富士前小学校に移す。

上野の不忍池の湖畔に建ち並ぶバラック

一〇月八日、罹災者に湯島の岩崎邸を開放したが、その数は増え、岩崎久弥男爵は湯島霊雲寺と御霊社にバラックを寄贈。自邸内の罹災者を移す。

一〇月一一日、帝大内避難者などを湯島のバラックに移す。三井男爵家も右京が原にバラック寄贈。一〇月一六日より収容。

一〇月一九日以降、給米は一旦打ち切られた。食料などを不正にもらう人が多いので、ほしい場合は申し出をして厳重に精査をしたので、救助者は三万三〇〇〇人余から三八〇〇人ほどに激少したと『本郷区史』にはある。

衛生保健として、区役所は遺体処理、塵芥掃除、下水浚渫の他に焼跡整理として電線整理、電車残骸撤去などを担い、罹災証明書交付などに追われた。焼失した下谷区役所はまず戸籍の回復が急務だった。

区役所職員の必死の奮闘が目に浮かぶ。今のようなペットボトル、レトルトパウチ食品は当時はなかった。缶詰はあった。副食は漬物がたより、塩鮭が俵で運ばれてきた。市内の六割の家屋が罹災し、人々は野外に野宿をしたり、被災していない縁故を頼ったりした。また避難者の移転も激しかった。

高尾重子さん（谷中茶屋町）**昭和四年生まれ**

そもそもうちは広島の三原の出身なので屋号を三原屋というんです。先祖は蔵前で札差だったらしいんですが、浅草猿若三座に出資して、根岸に隠居所をもって、そこにも役者や義太夫語りが出入りしてました。谷中の土地は根岸を拠点に方々歩き回って、ここが安政の地震で家が倒れていなかったのを見て、地盤に惚れ込んで手に入れたらしいです。

震災の時に私は生まれちゃいないですけど、聞いた話だとうちの二階を全部開放して、炊出しをしたそうです。日暮里駅が汽車の始発だったから、「行く先が見つかるまで、一夜の宿にお使いください」って。雑魚寝だったんですが、家族は菓子屋があったのでそっちに移って暮らしていたらしいです。うちのお客さんで浜町の義太夫が焼け出され、命からがら三味線だけしょって、奥さんと娘さんを連れて逃げてきました。待合というか小料理屋もやっていたから、朝も遅いんでしょ、ごはんもろくに食べず、飲まず食わずで、どうせ死ぬのなら先祖のお墓の前でとやってきたのです。「あの時もらったおにぎりの味が忘れられない、どんな山海の珍味よりおいしかった」ってその後もお参りにみえるたびにいうのね。おなかがすいたときのあったかい握り飯ほどおいしいものはないですよ。

それでね、その義太夫が避難列車にのって、日暮里から発つ時に、あたしのおじいさんて人がね、汽車の中でうさを晴らして行きなさいってカニ缶とポケットウイスキーを渡したんだそうで、そのお嬢さんがお父さんが亡くなった七月一〇日の命日にお墓参りにいらっしゃると、いつも仏壇にウイスキーとカニ缶と、それに好物のスイカを供えていると話してくれました。(一〇号・二四号)

一八七四(明治七)年に開かれた谷中墓地の茶屋の女主人、この辺の生き字引だった。

遺体処理

震災後の応急救護とは、「生を救い、死を弔う」ことにつきると『下谷区史附録大正震災志』はのべる。区役所、消防、警察などの行政職員は遺体処理に追われた。

芥川龍之介「或阿呆の一生」は、彼の自伝的な小説だと言われている。実際の証言や聞き書きではないが、関東大震災のときの焼け跡を描いた部分を載せておく。

芥川龍之介

それはどこか熟し切った杏《あんず》の匂に近いものだった。彼は焼けあとを歩きながら、かすかにこの匂を感じ、炎天に腐った死骸の匂も存外悪くないと思ったりした。が、死骸の重なり重った池の前に立って見ると、「酸鼻《さんび》」と云う言葉も感覚的に決して誇張でないことを発見した。殊に彼を動かしたのは十二三歳の子供の死骸だった。彼はこの死骸を眺め、何か羨ましさに近いものを感じた。「神々に愛せらるるものは夭折《ようせつ》す」(「或阿呆の一生」)

死者が多いので、遺体を入れる棺が不足した。塚田さんは祖父母が米屋で麹をつくっていた。

塚田松司さん（湯島）**明治三五年生まれ**

このへんは全部燃えて、湯島天神だけが残ったんです。……若い者が七～八人いましたから、その人たちに手伝わせて戸板を車にして病気のおばあさんをのせて、池之端へ逃げたんです。……池之端につれていったらすぐ息をひきとりました。二日の日に焼場へおばあさんを連れて行きました。その日には焼けないんです。とにかくお棺がないんですよね。それでも餅は餅屋で寛永寺のお寺に頼みまして、どこで見つけてきたんだろう、ポツポツ焼け残っているところがあったので、そこから昔使った桶を見つけてきてくれました。荷車に乗せて引いて、日暮里の火葬場へ行きました。みんな、お棺などなくて、箪笥の引き出しに寝かせていました。（『文京の震災戦災体験談』）

避難によるショックで亡くなった高齢者の例で、今で言えば震災関連死として数えられるだろう。

医療

九月一日午後二時、東京府庁前に日本赤十字社の救護所開設。三時には宮城外苑に救護所開設。駒込署は日本医学専門学校（今の日本医大）と交渉して、傷病者を救護。三〇日までに四五〇〇名を診療した。日本医専卒業生らも出動して、千駄木町、上野公園、上野広小路方面で八〇〇名以上を救護・治療した。駒込署はほかの医院とも連携。伝染病がでたが、病院に搬送できず、町内を配布したクロール石灰で消毒。

九月二日、東京帝大より医学士、看護婦、区役所に来援、九三名を治療。しかしそれ以降は大学内の病院で施療することとした。

九月三日、東京市衛生課より、医師と看護婦派遣、救療所開く。一七〇名治療。

九月四日、同じく二五〇名治療、九月三〇日まで。

九月五日から二二日まで、谷中五重塔下で、長野県上田市医師会救護班が診療所開く。

中川六郎さん（**動坂上**）**前掲**

駒込病院は当時一部は伝染病の隔離病棟であったにもかかわらず、被害のひどかった下町（浅草、上野、神田方面）からの負傷者が戸板、大八車などに乗せて運び込まれた。その光景を目の前で見たときは生きた心地がしなかったと母は語っていた。（二四号未使用原稿）

河江寿美子さん（**道灌山下**）**大正九年生まれ**

母の実家が本所で親戚も多く、だいぶ亡くなりました。こども五人を被服廠で亡くして、命からがら人力車で逃げてきた叔母もいました。そして避難してきた人がいっぱい家にいて、母はちょうど一〇月が予定日で、大きなおなかを抱えていましたが、その世話で大忙し。三歳の私など足手まといで、私は七輪にかかっていた煮立ったおみおつけを左腕にかけて、大やけどをしたんです。鈴木医院で手当を受けましたが、それこそ指がくっつくほどで、でもずいぶんお医者さんにはよくしてもらいました。（二四号未使用原稿）

下村さんはモダンな三階建ての洋館にお住まいで、二一歳から薬局を経営していた。

下村安右衛門さん（**駕籠町**）**明治二七年生まれ**

私の家は、地震のときには、大いに活躍しました。……地震で焼け出された下町の人びとが、ゾクゾク列をなして避難してきました。この家の向側に駕籠町町会と西丸町会があり、町会で救助班を造り治療にあたりました。医者が一人おられ、看護婦会から看護婦を二人派遣していただきました。薬は、私の家が薬局を経営していましたので、放出しました。家が薬屋でよかったと痛感しています。一週間ぐらいで蓄えてあった薬品は、見る間に使いはたしてしまいました。そのとき、地方から医者が薬をもって見舞いにきました。……それ以後、一〇日間ぐらい治療をつづけることができました。病気をしたり、怪我をした人が二〇名ほど、この家に収容されていました。頭にトタンが落ち、頭部が切れていても、痛いと感じないで、大怪我をしている人もいました。この家で救急処置をして病院に運びました。西丸町の町会、駕籠町の町会、西丸町の青年部の三つの団体で罹災者の世話をしていました。（『文京の震災戦災体験談』）

下村さんはもう一つ面白いことを記憶している。「地震から二〜三日たって、店の化粧品が飛ぶように売れました。多く仕入れておいたのに、またたく間になくなりました。女の人がどんどん買っていったのです。女の人は化粧品がないと生きていけないように思われました」。

教育

校舎が焼失し、あるいは避難所となり、教職員は救護事務や炊事を担当し、バラックでの監督もあり、学校は休校をやむなくされた。

九月一二日、社会運動家で希望社社長の後藤静香《せいこう》、上野公園内の避難子弟の教育を乞い、一二日より美術学校校庭に野外国民学校を設け、教師五名で毎日三時間の授業を行う。児童二五〇名参加。

このほか、東本願寺に上野子供学校、上野輪王寺に臨時小学校などが出来る。他に託児所、児童文庫なども設置された。

一〇月五日に小学校再開。焼失した元町小学校と湯島小学校はバラック式仮教室を建設。

ボランティア

本郷三丁目から北へ向かう猛火を食い止めるのに活躍めざましかった真弓青年団（真砂町、弓町、六一ページ）はその後、警戒、給水、炊き出しに加えて「三日頃より私設郵便局を設けて行路者の甲乙を問わず、安否の通信を出さしめ、無筆者に対しては代書の労を取り、あるいは端書を給与するなど通信上の利宜を図り、なお分団の理事は逓信省と中央郵便局とに赴き、郵便物の当分無料受付方を交渉した」（『本郷区史』）。

避難者の無事を家族へ伝える活動である。そのほか、罹災児童の保護、学校用品の供給、慰問衣類や物品の収集もしたというから、かなりレベルの高い実力のある青年団であったのだろう。

作家の宮本百合子は九月二七日の日記に、「三宅やす子、金子茂、坂本真琴、平塚明子、赤江米子、西川文子、その他で、災害救済婦人団の仕事を始る」と記している。婦人団は内紛がありながらも、四カ所で講演をし、五〇〇円を得たという。

『婦人之友』主筆、「自由学園」園長の羽仁もと子も救援活動をしている。不要の着物を洗い張り、布団の打ち直しをして、周辺の罹災者へ安く提供し（布団一枚一円三〇銭程度）、たちまち売り切れた。

また結成された「東京連合婦人会」の一員として、九月三〇日東京市社会局のミルク配給、乳幼児や傷病者の調査、罹災者調査にも取り組んだ。一〇月初めからは休業中の区立学校に代わって、近所の子供たちへの自由学園での臨時授業も行った。犠牲者の多かった本所区では太平小学校の関係者と協力して一〇月一五日から翌年一月末まで給食事業を行っている。

後藤静香は、エスペラントの提唱、アイヌ救済、ハンセン病患者救済等に乗り出した人だが、震災時には先の学校のほか、上野の山を根拠地に救護に奔走し、食料品、日用品、衣類などを原価の五分の一で頒布。九月八日には上野の山、奉仕掃除隊をつくり、汚物の消毒、ハエの駆除などを行った。本所、深川、神宮外苑、丸の内まで活動を広げ、無宿の失業労働者を世話した。

『東京震災録　別輯』によると、市内だけでも一九の民間団体、三一の宗教団体、一九の病院、一〇五の会社などが救援活動に参加したという。

いのちの危険がなくなり、食べ物や衣服がある程度たりると、娯楽、運動、心の癒やしなどが必要になってくる。関東大震災後の上野公園はそのような人々の希望を満たす役割を果たしてきた。

一時は五〇万人が避難していたが、その後もそこで避難生活を送る人が多く、さながら一大都市となり、官民のさまざまな活動が行われた。数々の民間救援が来たがなかには慈善のようにものを配るだけの活動もあった。そのなかで、東京帝国大学教授、末弘厳太郎《いずたろう》の指導を受けた学生らは、東京帝国大学救護班として合理的な配給や組織的活動をすすめ、力を発揮した。それとともに、避難民の中でも自治的組織が生まれていく。

一二月八日、上野寛永寺で下谷区主催の追悼法要が行われた。この頃は避難民に対し、落語、浪曲、映画などの娯楽を提供したり、一一月二五日には運動会も行われている。一九二四（大正一三）年九月一日、市社会局は上野公園で震災復興展覧会を開いた。そして一九二五年三月二五日、竹の台と池之端の避難民自治団は各方面に深謝して解散した。

鉄道輸送

関東大震災によって、正午ごろ運行中の列車も脱線、焼失した。

とくに被害が甚大だったのは神奈川県で、根府川駅と通行中の列車が、土石流でながされ、死者、行方不明者一一二名。これは絵画にも描かれている。箱根ではトンネルの崩落があった。東京でも発災当日に有楽町、新橋、汐留、浜松町が焼けた。一章の終わりに、夜八時、上野駅から赤羽駅まで被災者を輸送したと書いたが、その上野駅は、二日に焼失。駅員たちは必死の復旧作業を続けた。被災民たちは住む家を失い、故郷に帰ろうとした。

九月四日、日暮里から西回りで品川まで山手線の復旧。上野駅が焼け、線路上にも避難民がいたため、東北本線は田端、常磐線は日暮里、信越線は日暮里及び田端より合計二九往復運行。

平塚春造さん（日暮里）前掲

上野駅が焼けちゃって、避難列車が日暮里駅から出ることになったんです。それで人の列が駅から御殿坂を上ってうちの前を通り、諏方神社からまたぐるっと日暮里駅のほうまで並んだ。知り合いがうちの工場の前にくると、昼ごはんかなんか食べてまた並んだりね。一昼夜くらい並んでやっと列車に乗れたようです。（二四号）

九月五日、東北本線、日暮里〜赤羽、川口〜大宮間開通、荒川橋梁は被災、歩いてわたった。常磐線は日暮里～土浦が回復。
次の鈴木さんは赤羽の鉄橋を歩いてわたったとあるので、九月四、五、六日あたりか。赤門前に住み、裏の墓地で野宿した（というから法真寺ではないかと思われる）。

鈴木雪枝さん（本郷）大正七年生まれ

寝られぬまま夜が明けて、大人たちの耳にはさまざまな情報が入ってきたようだが、とりあえず赤門並びの加賀様の庭で玄米のおにぎりが配られたが、わたしは食べたかどうか記憶がない。二日ほど経ってやっと余震もしずまった頃、母と私は母の郷里の福島へ避難することになった。……ほんの身の回りのものをもって、叔父の先導で出かけた。当時はよく太って重いはずの私を背負って母はせっせと歩いた。乗物は何もない。赤羽の鉄橋はすでに落ちて、工兵隊員の方々が板で仮橋を作っていた。人一人がやっと渡れる幅の板を何枚か並べてあるが枠も手すりもなく、板と板の合間から遙か下の濁流が見える様は、恐ろしくて今もまざまざと目に浮かんでくる。……

橋を渡りきっても貨車の下をくぐったり、窓から押し込まれたりでやっと汽車に乗ったものの、前進後退の繰り返しであった。汽車の屋根の上にも大勢の男の人たちがへばりつくように乗っていた。所々の駅で青年団や婦人会の人たちがおにぎりやお茶の差し入れをしてくれた。(『文京の震災戦災体験談』)

九月六日、鉄道省では避難民を地方に無賃で輸送。田端、日暮里などから東北、中央、信越を経て関西、北陸、東北方面に乗車した者四万七五〇〇人。常磐線から水戸、仙台へ一万人、総武線から千葉方面に一万九〇〇〇人。いっぽう、上京した人も四万人を超え、非常な混乱を呈した。市電、神明町から上野三橋まで復旧。

九月七日、東京市電は動坂〜上野間、駒込神明町〜本郷三丁目間のみ運転を再開。震災により電話が使えなくなり、東京の本省と田端駅間で一日四回の伝令をとばした。九月七日には電信線が復活。これらがないと列車の運行は危険だった。

九月二三日、上野駅開通。東海道線はなお不通、大正天皇静養中の日光田母沢との行き来頻繁。

九月二九日、上野駅へ皇后到着、上野公園、池之端、御徒町和泉橋病院などを視察、罹災者に言葉を掛ける。このときの動画が残っている。

一〇月一五日、天皇皇后、日光から帰る。

逆に、地方から東京に入れなかった人もいる。

加宮京さん（千駄木町）

あのときはちょうど夏休みで小さな長女を連れて長野の実家にいました。パパは明石にいて、中央線で篠ノ井乗り換えで、長野に迎えに来て東京へ帰ろうとする矢先でした。長野でも相当揺れましてね。信越線だけは通っていたので、避難してくる人がたくさん。汚れた物を着ていれば、震災に遭った人だってわかりましたね。駅でお茶だの出して接待があったようです。あのときは戸隠の貯水所にも毒を入れたというデマがありました。私が送った荷物は一色社というミルクホールあてに出したのですが、しばらくたって行李の角がボロボロになって戻ってきました。東京へは帰るに帰れず、翌年に戻りました。（二四号未使用原稿）

パパとは作家の加宮貴一さん、新感覚派の旗手で、横光利一、中河与一と並んで三イチといわれたそうだが、戦後、社会党から区議になった。谷根千工房の二番目の事務所は加宮貴一さんに格安でお借りしていたものである。

鉄道とは離れてしまうが、最後に、上野の池之端の様子を、1章の佐々木さんに再度語っ

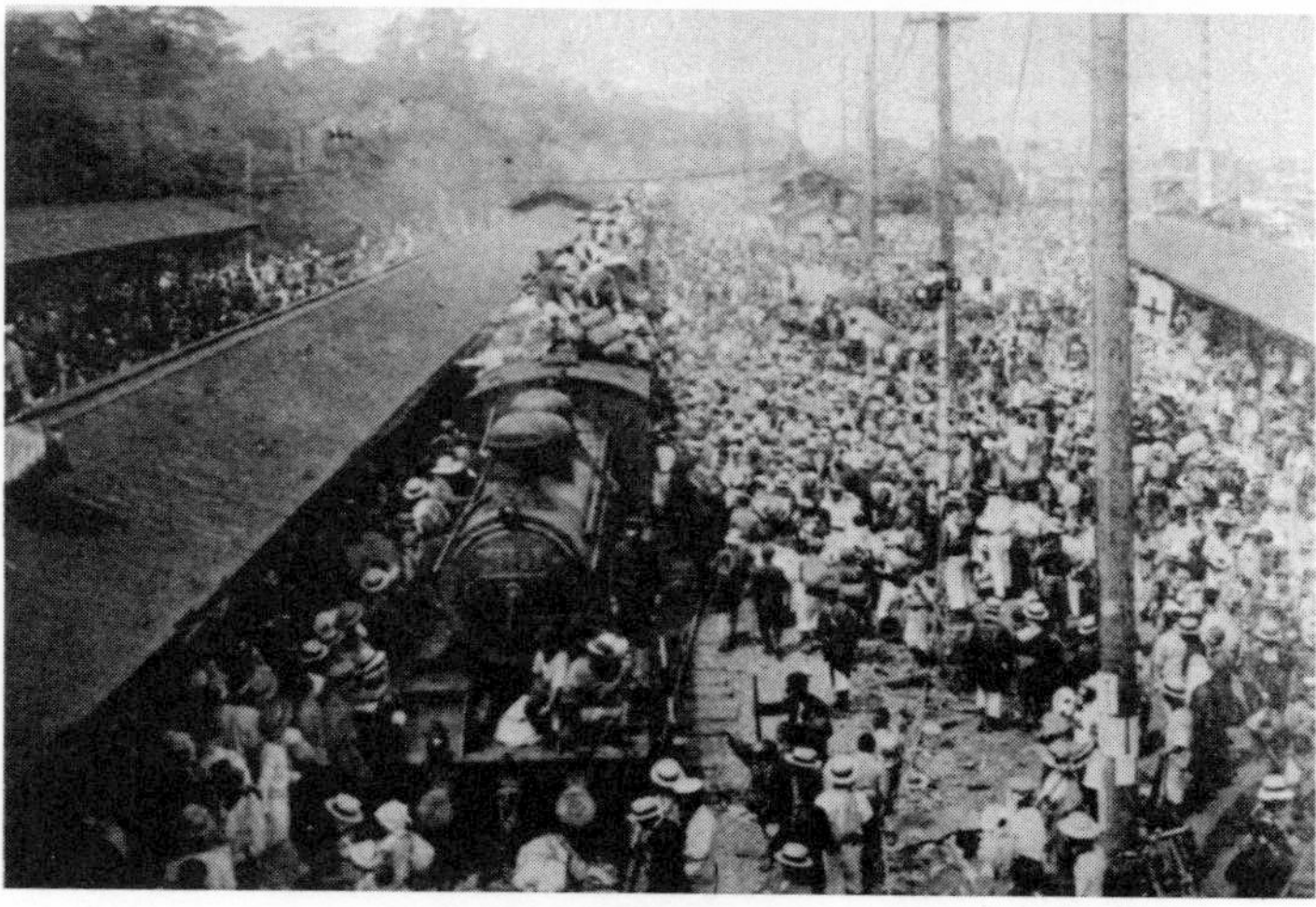

上／9月3日、船に渡した橋の上を渡る避難民たち、赤羽付近。下／日暮里駅は避難する大勢の人で埋まった

てもらう。

佐々木孝一さん（池之端）前掲

私の家は幸い、不忍池と岩崎邸で火災は逃れた。築一〇〇年、博物館行きのような老朽家屋だが、破損箇所もないのは驚きだった。拙宅が無事なので、焼け出された親類が二所帯、一一名が避難してきた。寒くなかったので助かったが、大わらわの生活が続き母は苦労したと思う。

父の妹は銀座松屋アパートの横を入ったところで理髪店を経営していた。連れ合いが早死に、二五歳と一七歳の息子が後を継いでいて災禍に見舞われたのである。地震も落ち着きバラックを建て、開業したいが大工さん不足で困っていた。私の母が、「不忍池弁天様の横に五、六〇坪くらいの空き地がある。平時と違い、人通りが激しいからテントでも張って営業したらどうか」と話した。兄弟は喜んで賛成した。

最小限の道具をバケツに入れ、竹竿に通して二人で下げていき、テントを張り、目隠しの幕に大人三〇銭、子ども一〇銭と張紙をした。

私は小学校六年、震災で学校が休みになり、昼食とお茶などをもって手伝いをしたが、お客の多いのに驚いた。毎日弁天様へお参りしている御利益があったのか、ひっきりなしにお客が来てくれた。

兄は若いが腕がよく、東京理髪競技大会で優勝している。当時手動バリカンで、坊主頭だと一分間できれいに仕上げた。弟はカミソリも満足に使えない。一日に二人くらいはひげそりで引っかけ、薬を付け脱脂綿を当てて謝っていた。兄に叱られ、料金をもらうことは出来ない。

夕食が終わると私の母に「おかげで今日はこれだけ稼ぎました」と報告した。平均七、八円、予想外の収入で家族は大変、喜んだ。当時一人前の職人で日給は二円ぐらいだったと思う。

不忍池ほとりの理髪店はバラックが完成するまで、約二カ月くらい続けた。弁天様にお参りするたびに、当時の状況が思い浮ぶ。(三三号)

上野公園内で見た「罹災床屋」は『震災画報』にも触れられている

変わる暮らし

そのほか震災後の暮らしの変化を聞き書きから拾ってみる。町会や衣服の変化、繁華街の推移などである。

小宮次郎さん（小石川林町）明治三一年生まれ

私は質屋に奉公にでており、白山に住んでいました。……地震の最中、避難しようとしましたが、家の裏が崖になっているので、崖崩れがこわく、表は三尺道路でせまく恐ろしくておろおろするばかりでした。親たちを先に手を引いて避難させ、私と若いのと二人で最後まで家を見守りました。

……地震の後始末は、地元の青年団や在郷軍人の人たちが協力し合って整理をしました。

各町に町会組織ができたのも、この頃からです。震災の体験が基になって、各町会ごとにまとまりができたのでしょう。（『文京の震災戦災体験談』）

奥村房夫さん　大正二年生まれ、当時青柳小学校

私の家は、紙すきの仕事をしていた……（当日夜）私たち家族は、紙すきの工場の掘っ立て小屋の中で寝ました。近所の人たちや、女、子ども、病人もきて一緒に屋根の下で寝ることができたのは幸いだったようです。

……飯田橋から大曲の周辺まで焼けてきたので、二日目の夕方に、父親は家族全員で（雑司ヶ谷に）避難する決心をしました。……墓地の前には大きな木もあるし、土地も広いし、火の粉が防げると考えたのでしょう。……

しかし、やがて火勢が衰えて避難せずにすみました。……

震災後配給になったのは木綿でできている黒い洋服でした。……東京の子どもたちが着物から洋服に替わったのは、ちょうどこの時分からでした。震災の影響があったのではないかと思います。（『文京の震災戦災体験談』）

竹内虎之助さん（氷川下）**前掲**

一〇日ごろから焼け残った部分は全部点灯して、神楽坂や白山上は東京第一の繁華な街となり、夜間も煌々《こうこう》たる電灯が輝き渡っている。

なんと東京の繁華の中心は、白山上と神楽坂であると言っているのである。（『文京の震災戦災体験談』）

例えば花街にしても新橋、柳橋などが長らく一流であったが、それらが焼けたため、二流だった神楽坂、三流か四流だった白山などの花街が活況を呈した。白山は本郷通りと白山通りに市電が通り、その乗り換えとして今の白山上商店街は賑わった。現在の三井住友銀行白山支店のところには駒込館という映画館があり、浅草が焼けたため、徳川夢声のような一流弁士も登場したということである。しかし、他の下町が復興すると、また場末に戻ってしまったのであるが。

宮本百合子

二〇代の作家がつづった関東大震災

作家宮本（中條）百合子は震災時二四歳、一七歳で『貧しき人々の群』でデビュー、古代ペルシア語を研究する荒木茂と結婚。当時は荒木姓である。発災日は荒木の郷里の福井にいた。地震の報を聞いて東京は駒込林町の実家へむかう。日記より抄録する。

九月一日　東京、横浜、房総の大震災。
九月四日　午後四時五十分福井出発。
九月五日　午後九時半田端に着く。
九月六日　国男（弟）は地震は大船のステーションであい、プラットフォームにいたら死んでいたところであったのだ。父上（建築家中條精一郎）が事務所に行かれたときの話。死体が神田辺の通りにまで転がっていたとのこと、たまらず。
前の交番への炊き出し、三十人分以上なので、米を用心しなければならず。

九月七日　英男（末弟）興奮して居、いくら眠れと言っても眠れず。夜番している。本田の道ちゃんはまた、ちっとも共同精神を持たず、ひとりで勝手に振る舞い皆の不快を買う。

九月八日　夜警の人々にパン、温かい飲み物を配り、自分たちの食事をし、五時過ぎに林町を出、二人で青山（自宅）に帰る。白山の坂を下りるともう模様はがらりと変わり、指ヶ谷、餌差街、辺の電車通りに、小屋がけをし、避難民が住み、往来は、草鞋《わらじ》がけ、旅装束の人で絶え間ない。……神保町までにいやな人の焦げた臭いがする。神田の古本屋、一握りの灰燼……

九月九日　元禄、安政の大地震の時にも、スイトン、ゆであずき類大繁盛であったらしい。きのうも至る所に、スイトン一杯十銭、奉仕的努力などと云う旗を出した小車の店を見た。梨西瓜、ゆであずき、リンゴ等往来に並んでいる。英国大使館前の、この春夜桜を見たところの片隅に死骸収容所ができていた有様忘られず。

百合子には別に「大正十二年九月一日よりの東京・横浜間大震火災についての記録」という日記というより生な、詳しいメモのようなものもある。

これによると九月一日発災日、滞在していた福井でも「ひどい上下動」があった。

「三越、丸の内の諸ビルディング、大学、宮城がみなやけた。戒厳令をしいたときく。ぞっとし、さむけがし、ぼんやりした」。これは当日の風聞で正確ではない。父中條精一郎の建築事務所は建ったばかりの丸の内ビルディングにあったし、三越は親戚が社長を務める企業、大学は荒木の研究先、気がかりだったろう。しかし丸ビルや皇居は焼けていない。

東京へ帰るにも信越線回りになった。「不逞鮮人の噂ひどく女などは到底東京に入れないという」。沓掛駅で「窓から小用をした人が、客車の下に足を見つけ、たぶんバク弾を持った朝鮮人が隠れているのだろうとさわぎ出す。前日軽井沢で汽車をテンプクさせようとした鮮人が捕ったところなので皆、寒いような、なんともいえない気がする」。

当時の百合子は中流インテリ階級の子女の立場からものを見ている。

田端に五日夜の九時過ぎにつく。真っ暗な中、一つの懐中電灯を頼りに、林町の家までは歩いて三〇分。ところどころ着剣の兵が守っている。そこをすり抜け、尻ばしょりで父母の家の西洋間に飛び込むと、おなじ林町に住む建築家渡辺仁がいた。父の妹倉知貞子とその子季夫が湘南の別荘で圧死したと聞く。貞子の夫は在京だったが、三越の社長だったので二重の災難となった。三越は焼けたのである。

二〇日ほどたった、九月二四日はひどい雨、「バラックや仮小屋のひとの身の上を思いあわれになる」。

桐谷洗鱗「馬喰町焼跡すいとん売」
（『大正震災画集晴帆画』）

第6章

震災で変わった運命

やってきた人、去っていった人たち

震災では多くの人が移動を余儀なくされている。下町で被災して、もう金輪際、地震に遭いたくないと、地盤の堅固な本郷台、上野台に引っ越した人は多い。

山脇美智子さん（駒込林町）

山脇家はもとは築地で酒問屋、父善五郎の代に地主になりました。震災で築地の家が焼けたので、大正一三年、地盤のいい駒込林町に土地を求めてこれを建て、自分は茶人として生きました。

京都の数寄屋師笛吹《うすい》嘉三郎にすべての部材を京都で作らせ、貨車で運んで組み立てられた京間の純和風住宅です。笛吹さんに頼んで作った鎌倉の家が地震でびくともしなかったので、それを見込んで頼んだと聞きました。（六二、六六号）

山脇家には茶室、睡庵がある。またドイツのバウハウスに日本人として早い時期に留学した山脇道子はこの山脇家の娘である。道子は織物を、婿の巌は建築を学んだ。

谷中三崎坂の千代紙店、いせ辰の看板には大きく元治元年創業と書いてある。店の人に聞いた。

いせ辰（三崎坂）

いせ辰は江戸末期、千葉から日本橋の団扇問屋に奉公に来た初代廣瀬辰五郎がのれん分けして、錦絵と団扇製作の問屋を開いた。しかし震災で集めた錦絵や千代紙の版木を失い、戦後、現在の谷中に越しました。（六二号）

米岡仁恵さん（駒込坂下町）**水晶ローソク**

米岡家は愛媛の内子町の出です。内子はかつては木ろうの産地でした。義父米岡清一郎は大阪のろう問屋に勤め、全国にろうの仕入れに行ったり、寺社に売りに行ったりして仕事を覚え、独立しました。最初御徒町、次に上野黒門町に移り、そこで関東大震災に遭って焼け出され、駒込坂下町に越してきたんです。そのときは道に面した部分は建ったばかりの長屋で、震災の被害がなかったので、その一部を借りて水晶ローソクをはじめました。（四号）

一九八四年頃、水晶ローソクは廃業、そのあとは日本医大の看護婦寮となり、さらに現在はその建物をリノベーションしてサクラホテル日暮里になっている。

金田元彦さん（**根津八重垣町**）

私が生まれたのは大正の震災後の一三年です。うちの親父は神田の米屋の三男坊、最初は神田で呉服屋をやっていましたが、神田の大火で丸焼けになっちまったんで、根津のそば屋のあとを買って所帯を持ちました。どうして私が生まれたかというと、前年の震災で、うちのオヤジ、つまり「松やの若旦那」は遊ぶところがみんな灰になり、すっかり堅くなって夜も家に居るようになったからです。（五六号）

金田さんは国文学者で、國學院大学教授。『私の鵠沼日記』では幸田文との交流を描いている。

樋口利治さん・永井良子さん（**浅嘉町**）

私たちの父は樋口酉造《とりぞう》と言って、大分古くから西新井の高野におって花作りをしていたそうですが、あの辺の人は大方の者が花作りをしながら東京市中で売って歩いていたようです。天秤に花を入れた籠をぶら下げて、一軒一軒台所から「お花、要りませんか」と声をかけていた。父は日清戦争の頃、駒込に出てきて吉祥寺の前に「花登利」という店を持ち、日露戦争の頃には問屋になったんです。

駒込で花の市場をはじめたのは大正一三年震災後、今のフラワーショップ北斗のところ。三〇〇坪くらい。もともとその辺には駒込のやっちゃ場、八百屋の市場がありました。駒本小学校の前にずらりと問屋が並んでいました。野菜市場が朝早いので、花市場は午後の一時か二時頃からやっていました。板橋出身の母が本当によく働いた。母のおかげで市場もやってこれたし、お蔵も建ったんです。

震災後、はじめて房州（千葉）で水仙を作るようになった。それ以前は三浦半島、その前は大森や蒲田、父の時代は西新井に掘切、埼玉県の川口の近くの赤山が花の産地でした。当時は水仙は一番大事な花で、それも一重のものが喜ばれたんです。

（五〇号）

震災前から、エベネザー・ハワード『明日の田園都市』の影響を受けた郊外住宅地として、日暮里渡辺町、田園調布などができていた。渡辺財閥の渡辺六郎が開発した日暮里渡辺町は、今の西日暮里駅前の開成学園の一帯である。震災で密集した市中の家でなく、郊外に緑豊かな安全な家を建てる気運が高まった。留まる人たちと郊外に向かう人、そのような人が重なり合った場所が、安田財閥の安田楠雄邸。現在は日本ナショナルトラストのプロパティ（財産）である。

安田楠雄邸・初代マネージャー多児貞子さん

最初この邸を建てたのは兵庫県明石生まれの藤田好三郎という方です。一九〇七年に東大を卒業、日本銀行から、妻栄子の父、田中栄八郎と大川平三郎（製紙王）の事務所の総支配人になりました。はじめ根津宮永町の田中栄八郎の家に同居していましたが、一九一七年に駒込林町一八番地の土地を買い、清水組の普請で五月二〇日に完成させています。好三郎の息子の田中慎一郎さん（母の実家を継ぐ）はここで震災に遭いました。

震災後、藤田家は中野の桃園に越しています。千駄木邸は子育てには向かないと考えたようです。好三郎は千駄木と同じ年に練馬城一帯も買い取って、ここが後に豊島園になるわけですが、同時に城南田園住宅組合を作って理想の郊外住宅地をつくろうとします。

替わって千駄木の邸に住むようになったのが、安田財閥の安田善次郎の三女峰子と夫の善四郎でした。彼らは日本橋小網町で被災、その年の一〇月二二日に、藤田さんから居抜きでこの邸を買いました。

安田家では、創業者の安田善次郎は震災の二年前、一九二一（大正一〇）年に朝日平吾に暗殺され、一九二三年の震災では、一族の邸が本所横網町にあって、安田銀行監査役、東京火災保険社長の安田善雄が三四歳で命を落としている。その兄の善五郎も同所に住んでいたが、こちらは助かった。

林町のこの家は安田楠雄氏の死去に当たって相続が発生したが、遺族である幸子夫人の見識で日本ナショナルトラストに寄贈され、今も週二回ボランティアによって公開されている。安田邸の家具調度、台所などの多くはほぼ藤田家から引き継がれている。アップライトピアノ、蓄音機などは安田家が買ったものかもしれない。先代善四郎は日本昼夜銀行の頭取などを務めた。（二八、七八、八七、九二号）

逆に郊外に向かった人たちもいる。

鶴田熙《ひろし》さん（長崎要町）**画家鶴田吾郎子息**

父が今の豊島区要町に来たのはいわゆる「池袋モンパルナス」などよりは早い。

震災後、上野谷中界隈の画家がこっちへ移り、地主さんで奇特な人がいて、アトリエ村を作ったんです。この建物は昭和五年です。今は要町ですが、当時長崎要町と言ったので、間違って東長崎に行っちゃう人がいました。（四三号）

池袋モンパルナスは小熊秀雄の詩にある文言だが、実際に住んだ井上長三郎氏や難波田龍起氏に聞いたところ、当時、そういう言い方はなく、「雀が丘アトリエ村」「さくらが丘パルテノン」などとよんでいたそうである。

劇作家で俳人の久保田万太郎は、震災で焼け出され、その年の一一月、親子三人、市街日暮里渡辺町筑波台に家を持った。森本美寄という親切な友だちが居抜きで明け渡してくれた。

ひぐらしに灯火はやき一と間かな

というのはこの時分の句。

「わたしは、あかるい、みはらしのいゝ二階の八畳を仕事場にし、しずかな、おちついた、階下の四畳半を茶の間にきめた。隣に大きな邸があり、この塀ざかいに植わった何本かの椎の木のかげの、しっとり窓のうえに落ちかゝることが、その部屋を、ことさら奥まったものに感じさせた」

浅草の低地に生まれ育った万太郎にとって雲のゆききや鳥の声、木の芽吹きに目をとめる毎日はうそのない、清い、美しい生活に思われた。この頃から三中（今の両国高校）の一級下で、近所となった芥川龍之介としたしく行き来した。

一九二六（大正一五）年六月、日暮里諏方神社前に引っ越す。

「引っ越したこの家は、芝生のうつくしい庭だけでも三百坪あまり、いくつかの町の谷をへだてゝ、本郷台を一ト目にみ晴らすことのできる崖の上に建っていた」

一段と仕事にすすみ、「大寺学校」や「春泥」など代表作を書くことになる。

また、家を焼かれ、勤め先もなくなった地方出身者は故郷を目指した。

文学者たち

田端は焼けなかったが、長女が生まれたばかりの室生犀星は一〇月一日、故郷金沢へ向かう。そのときに、一九歳の一高生、堀辰雄を芥川に預けていった。堀は芥川と同じ三中卒業で、当時は東京帝国大学に在学中。向島の出身で、最愛の母を震災時、隅田川で亡くしていた。芥川は同情して「わたしの書架にある本で読みたい本があればお使いなさい。そのほか遠慮しちゃいけません」と親切な手紙を書いている。

「彼は自分のなかの下町をすべて捨ててしまった」と、近藤富枝は『田端文士村』に書いている。この芥川、犀星、堀辰雄は夏になると軽井沢や信濃追分に過ごすことになる。ここに片山広子、岡本かの子なども集い、堀辰雄『聖家族』『大和路・信濃路』、岡本かの子『鶴は病みき』などが書かれることになる。

いっぽう芥川は犀星のいなくなって空いた田端五二三番地の家に、駒込神明町三一七番地で被災した一高時代の友人菊池寛を斡旋する。菊池は一高で友人のために濡れ衣を着て、卒業したのは三高からと京都大学である。作家志望であったが芥川のようにはデビューできず、この年の一月に『文藝春秋』を創刊したばかりだった。刷り上がったばかりの九月号は震災で焼けてしまう。しかも焼け出された大家が自分の家を使いたいというので、追い出しをくらった。菊池の失意やおもうべきであるが、一〇月号は休刊、満を持して出した一一月号は一万部が飛ぶように売れた。

竹垂るる　窓の穴べに君ならぬ菊池ひろしを見たるわびしさ

一二月一六日付で芥川が犀星宛に送った歌。いっぽうで菊池に家を紹介しながら、こんな歌を犀星に送るとは、芥川という人もなかなか複雑だ。

菊池寛はここに二カ月ほど住み、事務所としては手狭なので雑司ヶ谷に移転。犀星は一九二五（大正一四）年、ふたたび田端に戻った。そして大正天皇が没し、一九二七（昭和二）年七月、芥川は「将来に対する唯ぼんやりした不安」を感じて田端の家の二階で薬を飲み自死することになる。

震災によって運命が変わったのは人間だけではない。動物や、楽器や、建物や、さまざまなものが、流転を余儀なくされた。

震災後に歌われた二つの童謡

室崎琴月《むろざききんげつ》は、『白鳩』に載った葛原しげるの詩「夕日」に作曲して発表した（一九二一〈大正一〇〉年）。そのお孫さんに聞いた話。

室崎初子さん（谷中真島町）

祖父室崎琴月は富山県高岡に生まれ、あこがれの東京音楽学校に入学。山岡鉄舟の娘さん山岡清舟（しま子）とバイオリンと琴の合奏をしたのが縁で、鉄舟の義兄高橋泥舟の孫、操と結婚しました。作曲をする傍ら、谷中真島町で中央音楽学校を経営しておりました。

祖父は散歩に行って、あかじ坂の上から本郷の台地に沈む夕日を見て作ったんだと話してくれました。それが大震災で焼け野原になって、そんな焼け跡に沈む夕日を見て子どもたちが歌うようになったんですね。（一九号）

いっぽう、もう一つの有名な童謡「夕やけ小やけ」は作詞中村雨紅《うこう》、作曲草川信である。この曲は一九二三（大正一二）年七月三一日発行の「文化楽譜　あたらしい童謡」に掲載された。ところが一カ月後に関東大震災、本の大半は焼けてしまい、わずかに残った一三部から歌い継がれたという。中村雨紅は八王子の出身、日暮里第二小学校から第三小学校に転任し、教師をしていたので、この二つの学校に「夕やけ小やけ」の碑や塔が建っている。今では日本中の農村などで、夕方に、家路に促すチャイム音楽に使われている。

奏楽堂のパイプオルガン

私たちがはじめて手伝った保存運動が、上野の東京藝術大学にあった奏楽堂。一八九〇（明治二三）年、前身の東京音楽学校が創建される際、文部省営繕の山口半六と久留正道が設計した日本最古の洋式音楽ホールである。洋楽のメッカとして、土曜音楽会などに各国大使館から聴きに来る場所で、ここで日本初演された曲も多い。

老朽化のため改築されると報道され、藝大音楽学部の卒業生、建築家などから保存の声が上がった。ここには日本最古のパイプオルガンもあった。このオルガンは関東大震災が起きなければ上野に来るはずはなかった。

紀州徳川家の徳川頼貞侯爵はイギリスのケンブリッジ大学で音楽学を専攻、芸術に理解のある、ハイカラな貴族だった。帰国後、一九一八（大正七）年に麻布狸穴の邸に南葵《なんき》楽堂を建設した。そこにはアメリカの国会図書館と競って折半して入手したカミングスコレクションが納まった。ベルリオーズ、ベートーヴェン、ロッシーニの自筆楽譜も含んでいた。

頼貞はヨーロッパにパイプオルガンも発注した。彼は留学中にウエストミンスター寺院をはじめ、多くの教会でパイプオルガンを見、また聴いたのだろう。折しも第一次世界大戦中、新造は不可能だった。それでノーザンプトンのタウンホールに据え付けられていたオルガンがすでに取り外されていたのを送ってきた。しかしこのオルガンこそは、一八五一年のロンドン万国博に出品されたシュルツェというオルガン製造家による名品だった。南葵楽堂のこけら落としには中田章がオルガン演奏を行った。

流転のオルガンはもういちど場所を動かす。南葵楽堂は、関東大震災で大破、折衝のすえ、オルガンは上野の東京音楽学校に寄贈され、壁にあとから設置されたのである。

一九八二（昭和五七）年、奏楽堂の上野公園内への移築保存を台東区の内山栄一区長が決断した。再建は大林組が担当。この運動を通じて、私たちは芥川也寸志、黛敏郎ほか音楽家、海老原一郎、川添登などの建築家とも協働した。その後、奏楽堂は文化庁により重要文化財に指定された。（「よみがえれ！パイプオルガン」保存運動パンフレットより、谷根千工房刊）

根岸子規庵の去就

一九〇二（明治三五）年九月一九日、正岡子規が上根岸八二番地（今の根岸二－五－一）で没した。加賀前田家の土地で、建物は本郷の加賀屋敷が東大に接収されたときに移築された御家人の長屋の一つで、子規は晩年八年間をここに住んだ。彼は俳句と短歌の革新を志し、三五歳の生涯ではあったけれど、子規を大事に思う多くの弟子を残した。住まいには母八重、妹律が残っていた。

弟子河東碧梧桐《かわひがしへきごどう》は子規庵保存を提案、内藤鳴雪、中村不折、伊藤左千夫らがこれに賛成し、一九一一（明治四四）年に子規庵の保存会が結成された。家と土地の買収も前田家に持ちかけたが断られ、永久貸借ということで家賃一〇円五〇銭で借り続けた。

関東大震災で子規庵は多少傾き、大家の加賀前田家は買うか、立ち退くかどちらかにしてもらいたいと言ってきた。寒川鼠骨《さむかわそこつ》らが奔走、子規全集の刊行、肉筆の頒布を行い、金を作って土地家屋を買った。一九二六（大正一五）年、子規が住んでからでも三〇年以上経った子規庵をなるべく元の材を使って改築した。

一九二七（昭和二）年に母八重が、一九四一（昭和一六）年に妹律が死去して、家は無住となった。一九四五（昭和二〇）年四月一四日の空襲でこの家は焼失したが、蔵は無事だった。寒川鼠骨らは『子規選集』などの印税で、庵を再建した。東京都文化史蹟に指定。一九五四（昭和二九）年鼠骨永眠。現在は財団法人子規庵保存会が管理、公開している。（五七号）

上野動物園の象

九月三日の『福岡日日新聞』に次のような記事が載った。

動物園の猛獣銃殺　危険を未然に防ぐ為、上野動物園では発火と同時に象虎熊其他の猛獣を銃殺して危険を未然に防いだ。

地方新聞では「射殺された」と報じられた象は実は生きていた。動物園はたいした被害もなく、来園者も無事。さっそく閉園して、園内の井戸は避難民の水供給源となった。また、避難民は逃げるときに自分が飼っていた動物を園に置いていってしまった。一方、巷には「動物園の猛獣が檻を破って逃げた」とか「朝鮮人が猛獣を市中に放す」といったデマが伝わり、職員は園内で「山」と「川」の合言葉を用い、お互いを確認、係の人もつめきりの日が続いた。

そのうち飼料の不足、動物のいらだちが目立った。中でも「暴れゾウ」こと一八八八（明治二一）年にシャム皇帝から贈られた象が凶暴だというので、宮内省は当時「猛獣狩りの殿様」として知られた徳川義親《よしちか》侯爵に象の射殺を頼んだ。宮内省から呼び出された義親侯は、宮内大臣牧野伸顕に「子どもたちの一番好きな象を殺すのはイヤだ」「撃たなくとも、象がいなくなればいいのか」とつめよった。

折しも震災で象が焼死した浅草花屋敷の社長大滝金五郎にかけあい、その承諾を得て、暴れゾウは上野から浅草へ引っ越すことになった。さあ、この引越しが大変だった。二〇〇〇貫あるのを八頭の牛に引かせてこの年一二月六日の真夜中に出発。見物人や新聞社の焚くマグネシウムに象が興奮し、花屋敷（現在は花やしき）に着いたのは明け方の五時だった。

この猛獣狩りの殿様、徳川義親はとても面白い。幕末四賢侯、越前福井の松平春嶽の子で、一九〇八（明治四一）年、尾張徳川家の養子となり、東京帝国大学を卒業、一九一四（大正三）年に徳川生物学研究所、一九二三年徳川林政史研究所を設立。一九二一年にマレー半島で虎を狩り、欧州も大旅行した。震災時には北海道八雲の別邸に避暑に行っていたが、函館から青函連絡船で帰るときに震災発生を知る。麻布の邸は無事だったが、懇意の社会主義者石川三四郎が田端署に拘禁されていたため、石川をもらいさげにいき、北海道八雲町の徳川農場で休養させた。治安維持法に反対するかと思うと、大川周明らに加担したり、南進を主張、戦後は日本社会党の結成を支援して顧問に就任、一九五六（昭和三一）年には名古屋市長選挙に立候補し落選した。虎刈りの殿様ということで、理容師組合の名誉会長を務めた。

象の移転先の浅草花屋敷は、一八五三（嘉永六）年、千駄木の植木屋、森田六三郎が牡丹や菊を見せる植物園として開いた。当時は二四〇〇万坪もあったという。浅草の市街化とともにだんだん縮小され、明治時代から虎や熊などの動物園として人気があった。

一方、上野動物園は震災の年の一二月一〇日から二五日まで、罹災者慰安のため無料で開園、初日には三〇〇〇人の入園者があった。

関東大震災で上野動物園の象の命は助かったが、一九四三（昭和一八）年八月、東京が空爆されたら、都心部で猛獣を飼っているのは危険である、脱走したらどうするということで大達茂雄初代東京都長官が処分を命令。ライオン、トラ、クマ、ヒョウなど、動物たちは毒の入った餌を与えられ殺された。しかし賢い象だけは毒の入った餌を食べず、仕方なく餌をやらないで餓死させた。これは『かわいそうなぞう』として絵本にもなっている。

花屋敷の象の避難（『勿忘大正十二年九月一日』部分）

第7章

帝都復興計画

九月二日に成立した山本権兵衛内閣は、首都壊滅の国難にあたり、直ちに一〇〇〇万円の救護費を避難民に使うことを決定。皇室も所有の国債を売って一〇〇〇万円を救護に拠出、御料林の木材も供出した。九月一二日には「帝都復興の大詔」が発せられる。

後藤新平の震災復興

渡辺平八郎さん

震災で一面きれいに焼けてしまったんですが、そのあとは皆バラックを建てて一応しのいでいたんです。そのとき、東京市が復興と防災を兼ねて大区画整理をやったんです。とにかく徹底的に復興しようと計画したんですね。後藤新平といって医者で政治家だった人がいて、この人がその総裁になったんです。

そして資金のバックアップは富士の前身、安田銀行がやったんです。そのときの後藤と安田のつながりは強かったんですね。(『古老がつづる5』)

これが普通の人が知っている後藤新平の姿だろう。

後藤は一八五七（安政四）年、仙台藩の北限、江刺水沢で、支藩留守氏の藩士の子に生まれた。福島須賀川医学校で学び、二四歳で愛知医学校（今の名古屋大学医学部）の校長になった。板垣退助が暴漢に襲われたときに居合わせて診察している。安場保和、石黒忠悳《ただのり》、児玉源太郎などに抜擢され、日清戦争後の兵士帰還の際の検疫、植民地台湾の民生局長として業績を上げ、満鉄総裁、内務大臣、外務大臣、東京市長を務めた直後、関東大震災が起こった。当時六六歳である。

後藤は山本権兵衛内閣の内務大臣に任命されるとともに、自ら設立した帝都復興院総裁に就任。しかしその復興計画は当時の政治家の度肝を抜いた。これはかねがね彼が東京市長時代にも調査立案していた都市計画に則ったものだった。

当時根強かった遷都はしない。復興であって復旧ではない。焦土は全部買い上げ、大規模な区画整理、公園や道路の整備に国家予算と同じ一三億円（理想としては四一億円）を使うというものだった。反対党の政友会、財界、財政家で枢密院のドン、伊東巳代治から「大風呂敷」と批判され、予算は五億七五〇〇万円まで縮小された。

後藤は帝都復興院の幹部に長年の信用できる部下をすえ、耐震構造の草分け、佐野利器《としかた》を東大教授のまま建築局長に抜擢、この縮小された予算で、昭和通り、靖国通り（大正通り）、明治通りをつくった。これも当初案ではもっと広く、緑地帯を備えていたが実現せず。

隅田公園や浜町公園が新設され、焼けた小学校は鉄筋コンクリートで不燃化されることになった。とりわけ区画整理には地主たちの抵抗が大きかったが、後藤は腹心の部下、永田秀次郎東京市長と協力し、六五の区画整理を実現した。しかし予算の縮小により、非焼失地域の区画整理はできなかった。それが、ある意味では、谷根千などが残っている理由でもあるのだが。

私は『谷根千』を作っていた当時、建築史家の藤島亥治郎先生からじかに「震災後は東京帝国大学でも、伊東忠太のような意匠家より、佐野利器のような鉄筋コンクリートの構造設計家のほうが羽振りがよく、いい場所に研究室をもっていた」と伺ったことがある。

復興小学校

関東大震災では東京市内の小学校も大きな被害を受け、一九五校のうち無傷なのは二校に過ぎなかった。それ以前より、小学校は堅固な鉄筋にする計画が進んでいたが、震災で加速した。後藤新平は小学校を軸にコミュニティの再編を考えたと言われている。

鉄筋コンクリートの復興小学校に隣接して、校庭といざというときの避難地を兼ねた復興公園を作った例も多い。例えば焼けたお茶の水の錦華小学校をコンクリートで建て替え、隣接して錦華公園を作った。

本郷区で復興小学校は以下の二校。

元町小学校（一九二七年築、元町公園も併設、保存計画中、本郷一丁目）

湯島小学校（東京都で一番古い明治三年開校、一九二六年築、湯島二丁目）

湯島小学校そのものは新築され、復興小学校の校舎は区の複合施設として使われている。復興公園の方は場所が移動して新花公園となっている。

小石川区の窪町小学校（大塚三丁目、一九二六年築）は復興ではなく新設だが、鉄筋コンクリートで建てられ、二〇〇二（平成一四）年、惜しまれつつ取り壊し。

汐見小学校（千駄木二丁目、一九二七年築）は千駄木小学校と根津小学校の児童数が増え、二校の間に建てられた。これもスチーム暖房の入った最新式の鉄筋コンクリートで、卒業生の自慢だった。一九八〇年代に建て替え。

下谷区では三校が復興小学校である。

坂本小学校（台東区下谷一丁目）は、一九二六年築、二〇二二年、取り壊し。

下谷小学校（台東区東上野四丁目）は、一九二八年築、二〇二三年、解体予定。

黒門小学校（台東区上野一丁目）一九三〇年築、二〇一九年に改修工事が終わり活用中。

京橋区の泰明小学校は銀座にあり、島崎藤村や北村透谷の卒業校だが、復興小学校であって東京都選定歴史的建造物になり、今も学校として使われている。同じく明石小学校も重要文化財クラスと言われ、保存運動が起きたにもかかわらず取り壊された。復興小学校もすでに少なくなり、このところ次々壊されている。

復興公園・本郷元町公園

湯島の文京総合体育館の建て替えに、煙山力前文京区長が、元町公園を潰して体育館を含む高層ビルを建てると発言、住民だけでなく全国から反対の声が上がった。日本造園学会など一〇を超える団体から、保存要望書が提出されたが、区は強行の姿勢だった。しかし区長が替わり、体育館建替検討協議会が半年にわたって開かれ、移転用地から元町公園が外された。元町公園は震災復興公園の原形をとどめる、東京で唯一の遺構である。

東大に小野良平氏を訪ねてお話を聞いた。以下抄録。

小野良平さん、東大農学部

震災復興小公園は五二計画され、一番最初に出来たのは一九二六年の月島第二公園でした。一六〇〇坪あります。

これらの公園の計画・設計は、東京市公園課の井下清課長が担当しました。井下さんは井の頭公園や小石川後楽園を宮家から譲り受けたり、街路樹を整備したり、多磨墓地を計画するなど、東京の公園緑地行政の基盤を作った人です。復興小公園とは通常は子どもが駆け回り遊べる地域の公園であり、災害など非常時には学校と合わせて避難所として利用できます。どこも敷地の確保が大変でしたが、元町公園の区画整理は比較的スムーズに行われました。（八五号）

井下清は一九二五（大正一四）年に欧米を視察、「叱られない公園」をテーマに設計をした。「子どもが横断しそうな植え込みは作らない」「子どもの動きを制限するような設備は少なくする」。そして路上生活者も「公園の利用者」であると明言している。

小野良平さんの話の続き

木や石やレンガだけでなく、コンクリートという新しい材料を用い、デザイン面でも新しく、自由な形のものが出来るようになりました。そのころ持ち込まれた分離派、表現派の影響が見て取れます。元町公園は二段に分かれ、カスケードという滝のような水の流れを挟んだ斬新な階段を作っています。

元町公園は一九三〇（昭和五）年に開園。戦後の一九五〇（昭和二五）年、文京区へ移管された。いっぽう元町小学校の方は、一九二四（大正一三）年に震災後の仮校舎を焼失し、児童三〇〇名を隣の真砂小学校に収容するという不幸に見舞われたが、一九二七年、鉄筋で建て直された。

一九八〇年代には元町公園改修計画が持ち上がり、近代的で明るい公園、車椅子で利用できるスロープの設置などが望まれたが、保存を望む市民運動が起こり、朝日新聞「最後に残った復興小公園」というコラムを見た改修工事の担当者が考えを変え、復元に方針を変更した。二〇〇六（平成一八）年「日本の歴史公園１００選」に選ばれた。

同潤会アパート

同潤会は関東大震災の後、復興支援のために設立された団体。木造の戸建て罹災住宅から始まり、鉄筋コンクリートの集合住宅を東京に一三カ所、横浜に二カ所、建設した。

筆者は一九九〇年代、同潤会アパートのほとんどの解体に立ち会い、岩波書店の『よむ』の特集を経て『東京たてもの伝説』（藤森照信氏と共著）などに書いた。

その多くは高層化で生じた余分床を売ることで、居住者に負担をかけないで改築するという方法がとられた。しかし改築の際の引っ越し、長引く工事、再びの引っ越しなどは高齢の居住者には大きな負担となった。この中で、谷根千に近いものは鶯谷と上野下、大塚女子アパートである。現在すべて姿を消した。鶯谷と上野下のほかに大塚女子と江戸川アパートのその後について記しておく。


鶯谷アパートメント（一九二九年）一九九九年解体。

上野下アパートメント（一九二九年）二〇一三年解体。同潤会関係者が多く住んでいた。

大塚女子アパートメント（一九三〇年）二〇〇三年解体。一人で生きる自立した女性のための共同住宅、一階にクリーニング屋やパン屋が入っていた。小野アンナ、戸川昌子などが住んだ。

江戸川アパートメント（一九三四年）二〇〇三年解体。都市中流層のための割と広い住戸があった。丸山千里、なだいなだ、坪内士行ほか、著名人が多かった。

これと並行して建築家今和次郎らはバラック装飾社を結成して主に改修（リノベーション）に力を発揮した。当時の人々はよく働き、一九三〇（昭和五）年には、大々的な「帝都復興祭」が行われた。残念ながら、復興建築にまで触れる紙幅がない。

経済的打撃から昭和恐慌へ

関東大震災の経済的被害総額は四五億七〇〇〇万円（一説には五五億円）、現在の価格に直すと四五兆円、当時の政府の年間予算の三倍に当たる。このとき、被災した銀行には支払い猶予を認め（モラトリアム）、震災手形割引損失を日銀や政府が補償するという勅令を出した。しかしその多くはそれ以前からの不良手形であった。

千駄木のウスイ質店さんが言うように、「町の人々はほとんど銀行からは融資を受けられず、お金が要るときは質屋に物を入れて金を借りていた」。反対に爪に火をともすように貯めた金を市内の中小銀行へ預けたが、震災当時、通帳や帳簿も焼けた場合、どうやって預金残高を証明できたのだろう。そんな混乱もあって中小銀行は金がうまく回らなくなり、一九二七（昭和二）年三月の金融恐慌を迎える。

その発端になったのは片岡直温《なおはる》蔵相が、三月一四日、まだ破綻していないにもかかわらず「渡辺銀行が倒産しました」と国会で言明したこと。これを「失言恐慌」とよぶ。これが預金者の不安を煽り、みな預金を出そうとして、取り付け騒ぎとなり、渡辺銀行を皮切りに中小銀行の連鎖倒産をもたらした。

その渡辺銀行、姉妹行のあかじ貯蓄銀行は谷根千とゆかりが深い。渡辺銀行を経営していた渡辺財閥の渡辺六郎は、自身で開発した日暮里渡辺町に家族で住んでいた。銀行家渡辺六蔵邸（今の大名時計博物館）があり、よみせ通りのリボン工場を経営していたのが同じく一族の渡辺四郎、そして一族の要、渡辺ふんという刀自が、あかじ坂の石垣のあたりに住んでいた。関東大震災の時には谷中真島町のここの庭を罹災者に開放した。渡辺家では庭に木材を敷き、蚊帳をつり、罹災者を受け入れた。

東京都慰霊堂

一九二七（昭和二）年に続いて、一九二九（昭和四）年にはウォール街の株の暴落を突端に世界的恐慌がはじまる。またそれからの数年間は東北の凶作や農作物の価格没落で、飢餓、娘の身売りなどが起こった。そのなかで、治安維持法など治安法規が強化され、労働運動や政党が弾圧され、言論の自由はなくなり、戦争への道が整えられていく。

一九三〇（昭和五）年九月一日、本所被服廠跡、最大の三万八〇〇〇人が亡くなった現場に、官民有志の浄財で「震災記念堂」が建った。鉄筋コンクリート造で伊東忠太の設計である。犠牲者の遺骨を納め、その慰霊と、再びこのような災害が起こらないことを祈願し、震災への認識を新たにするための施設だった。その後、一九四五（昭和二〇）年の下町の大空襲による犠牲者とあわせ、東京都慰霊堂と名を変えた。

その翌一九三一（昭和六）年にはこの東側に「復興記念館」が建てられた。帝都復興展覧会などの資料を展示するためのものである。久しぶりに訪れると、慰霊堂も記念館も改修され、前よりずっと明るい雰囲気になっていた。公園そのものも、樹木を間引いたのか広々として、子供たちが遊んでいた。やや整備されすぎのような感じを受ける。

関東大震災後の慰霊行事は終戦までは東京市長による公の行事だったが、戦後は政教分離の建前で宗教行事は催せないことになった。そこで東京都慰霊協会を設立した。

慰霊堂の敷地には一九七三年、多くの人の協力で建立された「関東大震災朝鮮人犠牲者追悼碑」があり、毎年九月一日には追悼式典が行われている。美濃部亮吉知事以来、ずっと都知事は追悼メッセージを出し、式典で朗読されてきたが、小池百合子都知事は二〇一七年から「都慰霊堂での大法要で、すべての方々に追悼の意を表している。個別の追悼には対応しない」としてメッセージを出していない。

第8章

今までの災害に学ぶこと

江戸時代の地震

少し遡ると、江戸時代にもたくさんの地震があった。関東大震災の六八年前、安政二（一八五五）年旧暦一〇月二日の安政の大地震がある。町人地で一万四〇〇〇軒が倒壊し、一万人が亡くなったという。この地震にも今、学び直す必要があるのではないか。

谷中あたりでは「うちの先祖は、安政の大地震の後にあちこち見聞して歩いて、ここが倒れた家が一つもないというので、家を作ったんです」と聞くことがある。この前年、安政元年にも数回の大きな地震が起こった。日米和親条約が締結された年である。

谷中の郷土史家、加藤勝丕《かつひろ》さんが見つけてくれた江戸時代の木活版『安政見聞誌』にはこんな記事がある。

根津七軒町の屑買いの平吉が養女はるを遊女に売ろうとして手付金を貰った。それを知った家主の治兵衛が「はるは孝心も深く、しかも義理の仲の子を売るものではない」とさとし、はるに手付金を持ってこさせた。そこへ例の大地震、継子いじめをした平吉、妻かつ、実娘くらの三人はまっさきに家の下敷となり焼け死に、家主の家にいたはるだけは無事だった。天主さまのいましめだ、恐ろしいことである。

池之端の松平出雲守様は、今度の地震から火事もおき、人々が難儀しているだろうと、茅町二丁目から根津七軒町までの町家一軒につき白米三斗と金一両ずつ施してくださった。善根の種は梵天帝釈天の御加護で一粒が数万倍になる。

これは池之端に屋敷があった小大名の話である。

もう一つ、『安政風聞集』によると、

谷中門外の谷中通りは善光寺坂下、上清水門、茶屋町、団子坂通りで小家の潰れ多し。同所瑞林（輪）寺は残りなく潰れ、幡随院境内（今の三崎坂朝日湯の辺にあった寺）の樹木ことごとく打折れ、三浦坂下小屋敷西側は大半潰れ、同所祖師堂は幸いつつがなし。もっとも庫裏は丸潰れなり。

根津は惣門内赤洲組屋敷、所々損じ潰れ家数多《あまた》あり。森・内藤候屋敷、大半損じ、宮永町、門前町の表・裏店およそ百五十軒余、総潰れなり。根津権現は別条なし。ここより茅町通は地震にて残りたる家の大半傾き、毘沙門堂は大潰れ。裏池之端通りの小家大半損じ潰れも見えたり。

「赤洲」(「赤津」)は「不明《あかず》」だと一章でも記したが、根津神社一帯の屋敷跡。森・内藤候屋敷は今のはん亭のあるあたり、五人堀の武家屋敷。こうしてみると、谷中の高台も根津の低地もかなりの被害があったように思われる。江戸城でも崩れたところは多く、将軍家定は吹上御苑に避難した。

水戸学を大成し、江戸幕府の海岸防御にも献策した藤田東湖《ふじたとうこ》がこの地震で水戸邸、今の後楽園のあたりで圧死した。火鉢の火を心配した母親が邸内にもどったのを助け出そうとして、家に入り、落下した鴨居を肩で受け止め、母は無事だったが東湖は命を失った。その場所には長らく「藤田東湖護母致命の処」という碑が建っていたが、今は後楽園内に移されている。同日、近くの水戸藩邸内では東湖とならんで「水戸の両田」と言われた戸田《とだ》蓬軒《ほうけん》も圧死した。

斎藤月岑『安政乙卯武江地動之記』

読者の茅野一郎さんからこの資料を教えていただいた。斎藤月岑《げっしん》は、幕末、神田雉子《きじ》町の名士で文人。祖父の代から三代にわたって『江戸名所図会』の刊行に携わり、『武江年表』も編纂した人である。地震でも詳細でよくわかる記録『安政乙卯武江地動之記』を残している。

一、根津権現の後より千駄木へ通る崖道のうち、団子坂へ近き所、道幅七分通り谷へ崩堕、往来わずかに四五尺ばかりに成る。同所花園紫泉亭宇平次の庭中、崖の茶亭は谷へ頽《こぼ》れ落ち、三階の家は却《かえっ》て崩ることなし。

一、同所坂下町惣潰《つぶれ》。（怪我人多し、即死五人計《ばかり》という）

一、光源寺大観音堂、元より大破に及びたれど倒れず。

一、同寺の向かい側に太田摂津守殿下屋舗内に（山の中に在り）在りし九尺に一尺の焔《えん》硝《しょう》蔵二戸、いかにしてか破壊に及び梁桁柱礎石中に収し、合薬、蕨外飛散して一物もなし。これは石と石、擦れ合いて火を生じ焼けたるかという。

一、根津権現社別状なし。惣門町中に在るもの、瓦のみ落ちてつつがなし。境内弁財天の社のみ潰れたり。

一、三崎法住寺、俗に新幡随意院という。本堂無事、玄関庫裏など潰れる。門番所、潰れて五人即死す。

一、同所大円寺元瘡寺稲荷社拝殿のみ潰る。

一、同所大聖院、聖天宮拝殿のみ潰る。

一、吉祥院小破。

一、谷中の町屋古けれど大方小破なり。

一、谷中天王寺毘沙門堂無事。五層塔九輪ばかり折れて落ちる。

一、根津より下谷茅町の通。ことに震動甚だしく、人家潰れたること軒ごとに洩れるもの少なし。蕨上七軒町より出火して松平備後守殿下屋鋪、松平出雲守殿下屋敷など類焼す。またしばし隔たりて茅町二丁目境稲荷の辺より、この稲荷の社はあやうくして残れり。同町一丁目まで焼亡す。心行寺、永昌寺、浄円寺、宗源寺、光王寺など各潰れる。右寺院門前町屋各潰れたり。茅町富士浅間社潰る。称仰院残り、教護寺際にて鎮火す。柳原侯中屋舗長屋焼込。この辺死亡のもの多くしてはかるべからず。根津門前に駒込片町酒店　高崎屋長右衛門が別荘ありしが、潰れてその妻死す。そのほか同人所持の地面長屋、あるいは諸所出店などみな潰れたり。……


詳細でよくわかる記録である。大略、現代語にして解説しておく。

団子坂上の文京八中や汐見小学校の崖には江戸末期には楠田宇平次という植木屋の花畑があった。その庭を紫泉亭といい、広重の江戸名所百景にも描かれている。その崖が崩落した。茶店は落ちたが、三階建ての家の方がかえって残った。

千駄木の坂下町は地盤が旧藍染川の河川敷なので総潰れ。

団子坂上の本郷台に上がると、それほど被害がないが、太田邸の中に硝煙石が貯蔵してあったのがこすり合って発火、なくなった。

根津神社は瓦が落ちた程度。

谷中方面を見ると、新幡随院は朝日湯のところにあった寺だが、廃寺。三遊亭圓朝の「牡丹灯籠」に登場する。大円寺、瘡守稲荷の拝殿は潰れた。

谷中の町並みはそれほどの被害がない。

谷中天王寺では五重塔の九輪だけ落ちた。これは一七九一（寛政三）年に再建された塔で、彰義隊の上野戦争などにも、関東大震災にも無事だったが、一九五七（昭和三二）年七月六日、放火心中の巻き添えになって炎上した。

また根津の低地、七軒町、茅町あたりは相当、家が潰れ、焼けている。茅町という名でも知られるように、当時、不忍池は今の二倍ほどあり、低湿地だった。ここに出てくる境稲荷は東京大学池之端門の傍らに今も残るが、ここが昔の汀、池と土手との境である。この辺では死者が多く出て、かぞえられないほど。

高崎屋長右衛門は今も本郷追分に残る酒屋だが、当時は、札差も兼ねた豪商だった。その別荘が池之端の風景のよいところにあったが、その妻が犠牲になった。

この地盤の悪い不忍池の畔に、今はいくつもの高層マンションが建っている。

鯰絵

『谷根千』二四号の表紙には安政の大地震頃に流行った鯰絵《なまずえ》を用いた。なまずの頭を要石《かなめいし》で押さえているのは鹿島大明神である。鯰絵にはこんなことが書いてある。
あら嬉し　大安日にゆり直す　御代は千秋　後万歳楽　鶴亭主人
「わたくしども、いささか人に恨みはないが、この頃、ドジョウめが流行して、なまずのうま煮はおあいだになり（すたれ）、それが口惜しくて動きましたところ、思いよらぬけが人をこしらえ、あとさき見ずのとがを悔やみて、ご万歳楽の果てまでも、砂をかぶって動きませぬ故《ゆえ》、ご容赦、ご容赦」

昔から地震は鯰の仕業だといわれていた。ゆり直すは「世直し」に通じ、後万歳楽は、「これからは無事にいい世が続く」という厄除けの言葉である。

鯰絵は瓦版と共に、安政の大地震後に市中に出回り、庶民はこぞってこれを買い求め、見たり、楽しんだりした。しかし保存されることは少なかった。今オランダのライデンの国立民族学博物館に一〇〇点近く保存されている。これに心を惹かれたコルネリウス・アウエハントは一九五〇年代に日本に留学して柳田国男に師事し、鯰絵を長年研究し『鯰絵』に研究成果を結実した。

そこでは鯰を災害をもたらす悪と見るよりも、福をもたらす善と見る。地震は富裕貧困にかかわらず平等に襲ってくる。

鯰絵。鹿島大明神が鯰を要石で押さえつけている様子が描かれる

富の再配分のみならず、災害の混沌から新しい転換が生まれることを望む。つまり鯰絵には民衆の世直しへの期待が込められていたという。

また、二四号を読んだ東京都水産試験場（当時、水元公園内にあった）の江川紳一郎さんからは「ナマズと地震予知」という論文が送られてきた。東京都水産試験場では東京都防災会議のもとで当時、「魚類の異常生態に関する調査研究」として、鯰のみならず魚類を飼育して地震との関係を調査していた。

不忍池と上野公園の意味

上野の山とともに、不忍池があったことが、火事の延焼を防ぎ、わが町が焼けなかった理由である。震災後にこうした意見が出ている。

竹久夢二、明治一七年生まれ、画家、詩人

弁慶橋を取り壊すとか、不忍池を埋めるとか、二重橋の空地へビルデングを建てるとかいう話をよくきいたものだった。こんど度の震災がなくて、今十年もしたら、東京の町は煙突とビルデングと電気と瓦斯と鉄と石炭とで掩われていたかもしれな

い。邪魔物にした上野の森や不忍の池や宮城の壕や芝や愛宕の山がどれだけ火事を妨いでくれたか。次の東京は、緑の都市でなくてはならない。と言ったところで、今よりどれだけ好くなるのか私は知らない。（「変災雑記」）

まさに一〇〇年後の今日、東京は開発しつくされ、超高層ビルだらけになっている。そして日比谷公園や明治神宮外苑にまでも開発の手は伸びている。それを押し返す市民運動も起きてはいるが。横浜でも震災の瓦礫で埋め立てた山下公園があることが、どれだけ横浜の港の景観を守っているか。夢二の提唱した「緑の都市」は全く実現していない。

下田将美、明治二三年生まれ、新聞人、随筆家

歴史は繰り返すと云われている。維新当時山県公の情によって危うきを救われた上野の山も、将来又どんな事で危殆《きたい》に瀕しないとも保証の限りではない。まさかに上野山を坊主にして茶畑にしろというような意見は復活する時もあるまいが、不忍池を埋めて、文化住宅を建てる位の意見は真面目に唱えられる時が来るかも知れない。しかしたとえどんな必要に迫られてもあの森厳な上野の森と清楚な不忍池の風致とは永久に東京が持つなつかしき自然の姿として残して置きたい。震災後一年、池のほとりに建てられたバラック村のみじめな姿がいまもまざまざと目に浮ぶ。(「東京と大阪」)

下田は日暮里に長く暮らした。昭和恐慌時の大阪毎日新聞経済部長、一九四〇(昭和一五)年には大阪毎日に移り、芦屋に住んで、東京と大阪を対比的に捉えた。不忍池を埋め立てて文化住宅を建てるという計画は起こらなかったが、第二次大戦中、不忍池は「不忍田んぼ」になって米を増産、戦後は正力松太郎によってここに野球場を作る案が実現するところだった(代わりに後楽園に球場ができた)。八〇年代には不忍池の地下に二〇〇〇台もの駐車場を作るという計画があった。これを推進したのは上野観光連盟や商店街である。それに対して、谷中や根津、池之端の住民、自然愛好家は不忍池を守れ、生態系の循環を守れと反対し、「不忍池を愛する会」を結成、自然保護活動を続けた。

一九九二年四月一一日「シンポジウムわたしの不忍池」が催された。そのときの作家、小沢信男さんの基調講演から。

小沢信男さん（谷中）昭和二年生まれ、作家

いま、不忍池はだいたい面積一一ヘクタール、三万二〇〇〇坪です。これを昔に遡《さかのぼ》ると、五〇〇年あまり前の太田道灌の頃には今の三倍あったとか、徳川家康が江戸に入った四〇〇年前には今の二倍あった、といいます。……その六万坪の自然の池が今、私たちの考える不忍池というかたちになったのは、寛永年間に天海僧正が上野の山に寛永寺を作った。あのときからと申せましょう。今から三七〇年ほど前です。天海僧正が不忍池を琵琶湖に見立てて、真ん中に島を作ったわけです。……そして弁天様にお参りに行くのに船で渡った、船で通うということが信仰の支えになる。……それにしても船で行くのは不便でしょうがない。そこで五〇年ほど経った寛文一〇年に、島まで一本の土手を作った。

明治三年に東京府知事命令で不忍池は潰して田んぼにしろという話が出たりしていますが、あのときは朝令暮改で、もうどんどん大名屋敷をぶっ潰して茶畑にしろ桑畑にしろという勢いで、事実やった例もあるわけです。

明治一七年に競馬場が池の周りに出来る。そのとき一気に埋め立てられた。今の池の周囲の道や動物園西園の所はほとんど池だったんですよ。そこをずっと埋め立てた。競馬は数年でやめになるが、馬が踏み固めたところで何が起きたかというと、博覧会を開いた。日清戦争、日露戦争の祝勝会も上野でやった。明治大正を通して上野の山と池はイベント空間として使われたのです。

そして大正一二年に大震災が来ます。そのあと東京復興事業が大正末から昭和初年にかけてあり、このときまたがっくり変わる。それから戦争があって、敗戦後は一時田んぼになっていました。不忍池で二〇〇俵取れたといいますから大変なものですね。その二〇〇俵がどこへ行ったかという話もあるが、とにかくそれで昭和二四年に、田んぼはもうやめて野球場にしようという案が出る。

しかし、古賀園長をはじめ動物園の人も、そして上野の商店街で賛否両論があったようだが、とにかく「池を戻せ」派の熱心な運動のおかげで、どうにか池が戻りました。

さて、このように空間活用の時代になると、不忍池はもったいない、とりわけ蓮池のところがもったいない（笑い）と、こうなるらしいのですね。だって、蓮池には蓮が咲くじゃないか、と言うと、花が見たいなら大きな水盤にして睡蓮を浮かせればいい。その下は駐車場にして有効利用しよう、それが世のため人のため……土建業者のためには違いない。

そこで不忍池を愛する会というのは、「不忍池が誰のものでもない空間」だという思想運動をしているんだと思いますね。そういう思想運動を続けて、とにかく不忍池の真下から駐車場を排撃した皆さんに、甚大なる敬意を表します。おかげで地元の商店街も、恥を後世に遺さずにすむでしょう。目先の小活用ではなくて、東京の水と緑を育てるという長い物差しの大活用の時代へ、もう入っているのですからね。（三二号）

小沢さんは、池袋から引っ越した谷中の家をこよなく愛しておられた。

井戸のある暮らし——谷根千の水環境

関東大震災では上水道が止まり、消火に使える水が圧倒的に不足した。神戸の震災でも井戸水や川の水が使えたところは早く鎮火した。消火のほか、震災後の生活でも井戸水があれば、飲み水、洗い水、そのほかに使える。

一九八八（昭和六三）年、『谷根千』一六号では、井戸特集を組み、調べたところによると町には井戸が三〇〇近くもあった。そのうち使われている井戸は一七三くらい。もともと台地から出る湧水の多いところで、池之端のお寺には湧水を使った池もあった。崖下に池を造り金魚を飼っているおじさんもいた。井戸掘り職人もいた。

多くはお寺で境内やお墓の清掃に使われていたが、中には自邸内の井戸水でオンザロックを楽しんだり、わかしてお茶を入れている人もいた。

不忍池の地下駐車場反対運動がはじまり、井戸水を見直し活用しようと、東京都職員たちの「ソーラーシステム研究会」と協働して谷根千工房では水質調査に乗り出し、結果を発表した。

天王寺公園や光源寺の深井戸の水質は、スーパーで売っている名水に勝るとも劣らなかった。当時、私たちも毎日、近くの須藤公園の井戸から汲んでお茶を入れていた。井戸という大地の恵みにも衛生管理指導という形で水道法が適用されるため、少しでも夾雑物がでると保健所からは「飲用不適」のレッテルが貼られてしまう。自分たちで井戸水を判断しようと調査を続けた。

山田政義さん（谷中・朝倉彫塑館）

朝倉文夫先生が三六歳で家を建て替えるとき、初音町の方まで土地を買い足したら谷中の大井という大きな井戸があったんです。それで今の彫塑館の地下からドイツ製のポンプで屋上まで水をあげ、そこから全館に井戸水を供給するシステムを考えられたんです。この井戸は関東大震災の時は上野の山をめざして逃げる途中「水を！　水を！」という罹災者を助け、戦争中はバケツに汲んでおいたおかげで、この家を焼夷弾から守ったんです。（一六号）

浄名院では井戸が小屋に入っている。「震災のとき下町から上がってくる人にこの井戸が良く役に立ったと聞いていますけど、もう何十年も使っていないんですよ」。

天眼寺では、「二〇メートル五〇くらいの深さでしょうか。今は飲みませんが、大震災の時はあの水でご飯を炊いておむすびをこしらえて、役に立ったんだそうです」。

一九八〇年代、上野台の北側崖下で東北新幹線の工事があり、それによって水が出なくなった。災害用井戸は台東区側・谷中墓地の天王寺公園にある。一五〇メートル掘った井戸で電気が止まっても自家発電で水が汲める。

加藤勝丕さん（**谷中町**）

谷中墓地で実施される区民参加の避難訓練では、乾パンの配給があるものの、一番大切な飲料水の訓練はありません。五重塔跡横にある震災対策用井戸（深さ一五〇メートル）と貯水槽（三〇トン）を使って、深井戸の「おいしい水」を飲めば、災害時のリハーサルになると思います。

また、谷中辺には約四〇基の使用中井戸があります。大部分は撒き水用ですが、今後、下水料金と水質検査費を借入条件として、「震災時の井戸、一時借入」案を提案しています。（四二号）

文京区には、向丘光源寺、清林寺などに震災時飲料用協定井戸がある。井戸側はその家の所有でも、地下の水はみんなのもの。井戸を近隣で守ることによって、その水を使うよいネットワークも出来ると思う。

伝通院領を開拓・差配する上駒込村の名主の屋敷を、駒込名主屋敷（本駒込三丁目）といい、江戸時代の建物が遺されている。おそらく文京区で最も古い民家と思われ、東京都史蹟に指定されている。今もそこに暮らす高木さんのお話。

高木延子さん（神明町）

私はこの家で大正七年に生まれました。祖父は信吉、父が二四代目の嘉平治です。関東大震災の時にはまだ小さくて。九月一日でした。井戸の向こうに近所の人がたくさん避難してきていましたよ。今でも井戸はあります。この井戸は幕末にも彰義隊士が逃げてきて、この水を飲んで一息ついたという話です。

南北線の工事で出なくなって、東京都の負担で深く掘り下げてもらいました。今はつるべ井戸になっています。よく出ますよ。（八三号）

最後に関東大震災経験者からいただいた注意喚起の手紙を締めくくりとしよう。

船越春秀さん（上野桜木町）

冠省
大正一二年九月一日はいまから六六年前の出来事でした。最近ふと気づいて、老人として書いておきたいと思い立ち、突然にこの書を提する次第です。

六六年前（一九二〇年ごろ）、諏方神社（後楽二丁目）から見た西側は、全部畑でした。帆掛け船が荒川を通るのが見渡せました。今は家が建ち並び、昔を知る人も生きていません。谷中、桜木、千駄木も地名が残るだけで、昔の面影も少なくなりました。

毎日が平穏無事で太平楽な世の中が永く続くものではありません。

現在、人々は満足よりも不平で暮らす人の方が多いように見受けられます。人の心も過去を忘れてただひたすらに、金銭でのみ結びつくような親子さえも多いようです。

小生は四代続く谷中生まれですが、この辺であまり変わらないのは、寺と墓地です。震災、戦災で運良く焼け残ったのは、そのおかげと思っています。しかし、災害が再び起こらないという保証は絶対にないのですから、さてそのときに老人の経験というものが役に立つこともあると思います。

まず、この土地の立地条件は地盤が硬いことですから、古い木造の家は別として、震度で六くらいまでは死傷者は出ないでしょう。しかし、人と人との心は今日の方がバラバラで、いざとなれば助け合うよりも自分勝手な行動が多くなるかと思います。そのときの被害を考えておくことです。

いちばん困るのは水です。井戸はあってもポンプの電気は止まってしまい、役に立ちません。東京都では各所に飲み水の四、五日分は確保してあっても、水洗便所に流すほどはないと思います。したがってアパートなどは便所が詰まって衛生上も大変でしょう。細い管は工事をやり直さねばならなくなるでしょう。したがって雨や雪が不足の時はとくに水は捨てられないのです。バケツやその他にとっておく必要もあります。そして最後に水洗便所に流すくらいの心がけは今からでも大切と思います。

風呂の水も入れ替えるときは洗濯やその他に使う心がけも必要です。金を払えば水を捨てていいという了見では困ります。そして、飲水はいつも汲み置く用心深さが役に立ちます。イザという時のために、常に心掛けておく気持ちは持ちたいですね。地震は突然におきるものです。そのときに慌てて水道を出しても各戸で蛇口を開くので、たらたらしか出ないのです。

食料も大正一二年の震災の時に、店は急に売らなくなりました。したがって、常日頃から家族の三、四日分は確保しておく必要があります。もちろん保存の出来る品です。幼児の居る家ではミルクも大切です。ガスも電気も止まるでしょうから、古い新聞紙も点火用の一束くらいは残しておくことです。

灯火用の電池やローソクも必需品です。医薬品も少しは用意しておく心がけは、万一使わずとも、使わずにすめば幸せと考えることです。

さて、蛇足な文章で恐縮ですが、日常、人と人との交流は、隣同士でも挨拶もしない、子どもが危険な遊びをしていても注意もせず、見て見ぬふりをする人。これもおせっかいと考えるのでしょうが、無駄口に時を過ごすのはよいとはいえませんが、お互いにニコニコしていつでも口のきける状態を保つことも災害の時の協力を考えても大切と思います。

万が一にも大震災や災害の時には、また下町から避難者が大勢来るでしょう。そのときにあなたたちはどうしますか。まず、知り合いを優先的に受け入れるとして、次は学校公共の建物に一時避難者を入れる。しかし治安は悪くなります。

昔と異なり、軍隊も派遣が遅く、いまの警察官も人の子ですから、家庭優先も無理はありません。私たちが無事ならば、お互い様で人を助けるという覚悟が必要です。避難民の中にはやけになって乱暴をする人もでます。日常「ありがとう」の言葉も素直に言えない人は、不幸せな人かも知れません。

日本人も今や、人の不幸につけ込む人が多いのですが、教育は親が子どもに尊敬されるようにしてもらいたいものです。優しさと厳しさとを父親が示すことも今からでも実行して、生活のためにだけ親がいるような親子では困りますね。

思いつくままに勝手な事を書きましたが、蛇足でも何かの役に立ったらと思います。

谷根千殿（二〇号）

船越さんの父は船越春眠、彫金家で、桜木町の最初の住人だった。寛永寺が徳川家の庇護を離れ住宅地桜木町を経営するときに、寛永寺の最後の住職だった北白川宮から、「おまえ、ただでいいからいの一番に入ってくれ」と言われ、そのあと市川團十郎、左団次、團蔵、段四郎、猿之助などが入ってきたという。

阪神・淡路大地震

特集後も私は二つの大地震を体験した。一九九五（平成七）年一月一七日午前五時四六分、阪神・淡路大震災。谷根千を創刊して一〇年後のこと。早朝でまだ町が動き出していなかったのが不幸中の幸いだった。新幹線も始発は六時、多くの市民は自宅におり、火の使用もまだ少なかった。当時は村山富市首相の自社さ政権だった。

それでも、高速道路の傾いた写真や、潰れたデパートを見るたびに驚いていた。マグニチュード7・3、甚大な被害があった地区は淡路島北部、神戸、芦屋、西宮、尼崎、宝塚、伊丹、川西、明石、ほか。深度7を記録した場所もある。犠牲となったのは六四三四人。じつに六四〇二名が兵庫県の死者、全壊一〇万四〇〇四軒、半壊一三万六九五二軒、全焼七〇三五軒。

当時は私の子供たちもまだ小さく、直後に関西まで支援に行くことは出来なかった。三月になってようやくある財団の補助金を出す現地視察で神戸へ向かい、電車の窓からは青いビニールシートをかぶせた屋根屋根が見えた。神戸市の御影あたりの神社の鳥居と社殿が倒壊していた。火事で焼けた長田地区にも行った。神戸を見てわかったことは以下。

＊道路、鉄道、電気、水道、ガス、電話などのライフラインが寸断され、使えなかった。初期に取材した友人ジャーナリストは海から船で入ったという。川の水、井戸の水を使えるかどうかが類焼を防ぐ鍵だった。

＊断層沿いに被害が集中し、朝の地震なので寝ている人が圧死した。平屋の木造は被害が少なく、二階建ては一階で圧死した人が多く、二階にいた人は死者は少なかった。

＊同じ学生でも、鉄筋コンクリートのマンションに住めた学生は多く助かったが、木造アパートで亡くなった学生は多かった。老朽木造住宅で死者が多く出て、プレハブやツーバイフォーの家の方が潰れなかったため、再建はハウスメーカーの家が多かった。

＊鉄筋コンクリート造でも大地震に耐えられなかった建物もあったため、その後、建築基準法が改正され、新耐震基準がもうけられた。

＊マンションのローンを払っている最中に地震によって倒壊あるいは半壊するなどで住めなくなり、修復や新しいマンションを買うなど二重ローンを抱えた人も多かった。

＊被災地を見学に行くのは不謹慎ではないかという声もあったが、被災地の人たちはみんなが来てくれ、見てくれ、伝えてくれることを望んでいた。

＊政府や自治体の初動が遅れる中、セブン－イレブンやダイエーは三時間以内に、ヘリ空輸による食料の配給を行ったり、安価に販売したりした。キリンビールは空き瓶に水を詰めて配布、生協も食料の配布、宗教団体から暴力団までが被災者支援に迅速に貢献した。関東大震災のような流言飛語は少なかった。

＊都市計画家の宮西さんからは「ああ、これで保存運動をしなくてよくなった」と悲しそうな声が漏れた。彼が長らくまちづくりに関わった神戸真野地区では住民の長い活動で、「あのおじいちゃんは奥の六畳の右側に寝てはる」ということが共有され、どこを掘り起こせばいいかもわかり、助かった命が多かったという。

この近代社会で数千人が一挙に命を落とすということがどういうことか、現実感がわかなかった。大阪の友だちは「大阪でこれだけ揺れるんだから、今すでに東京は壊滅しているだろう」と思ったそうだ。「ものを集めることに興味がなくなりました」と古い藍染めの皿や茶碗などを関西からどっさり送ってくれた人もいた。蔵書をトラック何台分も手放した学者もいた。また阪神・淡路大震災以降、例えば東京駅前の丸ビルなども「店子に責任が持てない」と改築を進めた。いくつもの名建築が「耐震性の不安」を理由に壊された。
伊藤谷生さんは、東大助教授時代に、不忍池地下駐車場反対運動で、地質学の専門として寄与してくださった。そのお便りから抄録。

伊藤谷生さん（当時千葉大教授）

たいていの大学は災害時における地域の広域避難場所になっています。東大の本郷キャンパスもそうです。しかし、今回の阪神・淡路大震災の教訓に照らしてみると、この「常識」も根本的に検討しなければならないように思われます。

第一に大学が避難場所として安全か。建物の耐震性は当然チェックが必要ですが、やはり気になるのは、研究に関連した様々の危険物です。建前上、法令に従って安全に管理されているはずですが、実体はこころもとない。……

第二に、避難した住民が大学で生活できるかという問題です。食糧は空輸できるとして、最初に重要なものは、水です。今回でも神戸大学から全国の仲間達に最初に送られてきたメールは「水がほしい」という叫びでした。広域避難所である大学では、貯水槽だけでなく、昔ながらの井戸を確保しておきたいものです。

第三に、大学は災害時における救援基地の役割を担う必要があるのではないか。東京都では立川防災基地を作る計画があるそうですが、各大学と周辺地域の実情にあったミニ救援基地の計画も大切です。多くの大学は、多くの場合、大学病院を有していますし、ヘリコプターの離着陸が容易な広い敷地にも恵まれています。

また東大周辺は、医療器具が徒歩でも入手できる地の利があります。大学と行政当局と住民三者で計画をたて、いざというときの準備を開始すべきではないでしょうか。（四二号）

三・一一、東日本大地震

二〇一一年、東日本大震災のとき、すでに地域雑誌『谷中・根津・千駄木』は終刊していた。そのときの個人的な体験も少しここに入れておきたい。

三月一一日、私は『谷根千』のアーカイブを作るため、助っ人の川本真理さんと千駄木林町の「記憶の蔵」にいた。午後休憩で近くの「こもれび」でハンバーグを食べ、食後の珈琲を飲んでいたら、カップとソーサーが揺れ出し、珈琲がこぼれた。ここも古い木造の家なので、慌てて蔵隣の公園に。人々が集まってくる。ブロック塀がゆらゆら揺れ、電線が縄跳びのように回った。ラジオを持ってきた人が、「東北が大変だ」とつぶやく。

築一〇〇年近い蔵に戻ると、本棚の本は一冊も落ちていない。鍵を閉めて家に帰る。マンション四階の家の本はかなり落ちていた。ガスが止まり、エレベーターも止まる。地震のときは自動的に止まることになっている。テレビで東北の被災地を見る。三陸沿岸で波が防波堤を越え、仙台沿岸では波が田畑を飲み込んでいく。いつも車も人通りも少ない自宅の前の一七号線が渋滞。帰宅者の列が続く。

幸い電気は切れない。いろんなチェーンメールが回ってくる。東京電力福島第一原子力発電所で過酷事故が起き、もしかすると東京も、いや東日本全体が危険というメールが信頼すべき筋から来た。三月一三日に福岡でシンポジウムの予定があった。九州に行った方がいいかもしれないと思い直す。夜は電熱器でうどんを煮て食べる。

三月一二日、東京は真っ暗なのに、福岡に着いたら電気ピカピカ。このとき、長男は宮大工で高野山の寺の修復に、次男は大学の春休みでニューヨークにいた。長女に北海道の父方の祖父母のところに行くように言う。

関東大震災から八八年目に起きたマグニチュード9・0の大地震はこんな感じだった。関東大震災のときは根津の赤津湯の煙突が倒れたが、今回は根津の山の湯の煙突に穴が空き、その直下に住んでいた仕事仲間は大家に立ち退きを要請された。

関東大震災が本所被服廠を典型例とする「焼死」の地震だったとすると、阪神・淡路大震災は六〇〇〇人を超える死者の多くは「圧死」だった。そして、三月一一日の東日本大震災の多くの死者は太平洋に津波で流された「水死」の地震だった。また福島での原発事故が重なって複雑な様相を見せた。

関東大震災や戦災時、当時の国鉄は被災者を無料で汽車に乗せたが、今回ＪＲは民営化されており、被災者からもグリーン料金等まで徴収した。

原発事故による水道水のヨウ素汚染により、粉ミルクを溶く水が不足した。喫茶店やラーメン屋では客に水を提供できないと言う声が多かった。食材の流通も不安定だった。「ヨウ素は半減期が八日なので水は汲み置くこと、活性炭を入れると吸着する」という産業技術研究所の友人のメールが役に立った。

私はブログに「震災日録」を書き始め、身の回りで起こる小さな、ニュースにならない物事を書き止めた。これは『世界』に連載として抄録され、『震災日録――記憶を記録する』として岩波新書になった。

また、震災直前まで畑を耕していた宮城県丸森や、友人の多い石巻の北上川河口地域への物資支援を行った。最初は防寒具がほしいという声、そのあとは卒業式や入学式に着る礼服がほしいという声、そのあとはどんどん温かくなり、必要な物資は変化していった。関東大震災のときは発災時が暑く、どんどん気候は寒くなっていったはずだ。

四月一六日に、はじめて本や雑誌を載せて拠点とした丸森から海際の相馬、新地、山元、亘理、岩沼、多賀城、松島、仙台、女川、石巻へと走った。すでに食料や衣料は足りている。本が読みたい、漫画が読みたいという声に知り合いの編集者たちが協力してくれた。これは支援というより、自分たちが現地の状況に学ぶ旅でもあった。訪ねた一九カ所避難所の現場で聞いたこと、学んだことは主に以下である。

＊体育館の高い天井、ほこり、臭いなどの中で長期間暮らすのはたいへん。
＊避難所の壇上に事務局があり、上からマイクで放送するのはなんだか軍隊みたいでやな感じ。
＊宿直もある公務員は疲労の極致だった。公務員をやめたいという相談も受けた。
＊体育館の電源は少なく、スマホをチャージするためコンセントの取り合い。
＊みんながうなだれている夜に数人で照明を持って入ってくるテレビ局がいた。
＊「毎日、冷たいお弁当はかなわない。温かいもの、手作りのものが食べたい」と聞いた。
＊トイレが近いお年寄りなどは、もっとトイレの近い、天井の低い、守られている感じ

の避難所があれば。トイレの近くに車を停めて中で暮らしている人も。避難所でなく半壊した自宅にいるお年寄りもいたが、彼らには公的支援が届きにくい。

＊物資を来た順に積み上げていくと下の方の段ボールの野菜やお菓子は腐ってしまう。

＊集めるのはうまいが、配るのが下手。配給専門の整理係が必要。

＊ついたてなどを活用した区切りは必要。女性が安心して着替えられる場所も。

＊体育館内を一丁目とか一番地とかいくつかに分け、その中でもグループ分けしたところは運営が割とうまくいっている。

＊話を聞いてもらいたいお年寄りが多い。マッサージなどのスキンシップも大事。

＊「つい配給の列に並んでしまう。もらい癖がつくのが怖い」という声が聞かれた。

以上のほとんどは関東大震災の際も指摘されている。

ちょうど台東区谷中コミュニティセンターを防災センターとしても建て替え計画中だったが、「本当にこれで命が助かるのか？」という観点から何度も勉強会を開き、それぞれ各地の支援で避難所などを多く見てきた住民は話し合い、町会などを通して、計画を改善してもらうことができた。

＊谷中コミュニティセンターの防災広場は、ベンチを外せば煮炊きが出来る。排水の蓋を開けて上にいくつもトイレが設置出来る。自家発電の小屋もある。

東日本大震災後、東大地震研究所は「今後四年の内に東京に直下地震が起こる確率は〝七〇％〟」と発表、京都大学は「今後三〇年内に五〇％以上」と言っていた。

それからも一二年が経ち、私は六九歳の「お年寄り」になった。

永井荷風

江戸と明治の終わり

荒川区三ノ輪の浄閑寺には永井荷風の詩碑がある。一九六三（昭和三八）年に建てられ、設計は清家清。永井荷風は一八九八（明治三一）、一八九九（明治三二）年頃、初めてこの寺を訪れた。吉原遊郭での心中に関心を持ったからだった。ここに葬られた吉原の遊女はその数二万五〇〇〇。少女時代から客を取らされた遊女の平均寿命は二一歳とのことである。死んでも引き取り手もなく、そのままむしろにくるまれ、穴に放り込まれることさえあった。

浄閑寺を「投げ込み寺」というのは一八五五（安政二）年の地震の際、圧死、焼死した遊女多数を投げ込むように穴に葬ったことからであり、このとき過去帳に記載された遊女は一〇〇〇名に近い。関東大震災のときも、近くの吉原公園で亡くなった女性たちはここに葬られた。

今の世のわかき人々
われにな問いそ今の世と
また来る時代の芸術を。
われは明治の児ならずや。
その文化歴史となりて葬られし時
わが青春の夢もまた消えにけり。
団菊はしおれて桜痴は散りにき。
一葉落ちて紅葉は枯れ
緑雨の声も亦絶えたりき。
圓朝も去れり紫蝶も去れり。
わが感激の泉とくに枯れたり。
われは明治の児なりけり。
或年大地俄にゆらめき
火は都を焼きぬ。
柳村先生既になく
鷗外漁史も亦姿をかくしぬ。

江戸文化の名残烟となりぬ。
明治の文化また灰となりぬ。
今の世のわかき人々
我にな語りそ今の世と
また来む時代の芸術を。
くもりし眼鏡ふくとても
われ今何をか見得べき。
われは明治の児ならずや。
去りし明治の世の児ならずや。（偏奇館吟草「震災」）

永井荷風は一八七九（明治一二）年に小石川に生まれた。父の意向で、アメリカとフランスへ。帰国して森鷗外の知遇を得、北原白秋、木下杢太郎らの集まる耽美的な「パンの会」に参加。大川端の江戸情緒を愛した。慶応大学教授を務め、旺盛な文筆活動を続けながら、色街に入り浸る暮らしを続けた。

関東大震災は六本木の偏奇館で事なきを得たが、この地震によって、自分の執着する江戸・東京が失われたと感じた。九世市川團十郎、五世尾上菊五郎、樋口一葉、尾崎紅葉、斎藤緑雨、三遊亭圓朝、柳家紫蝶（紫朝とも）など、自分に感動を与えた芸術家はすべてこの世を去ってしまった……そして敬愛する上田敏や森鷗外もこの世にはいない……。

関東大震災は一つの時代の変わり目であった。震災以降の東京では、復興が急がれるなか、デカダン、アナキズム、ダダイズム、表現主義そのほか、さまざまな思潮やアートが花開き、それは昭和初期のモダニズムやエログロナンセンスへもつながっていく。

正しく怖がり適切に備えるために――東京大学平田直名誉教授に聞く

聞き手・森まゆみ

――一九九〇年、地域雑誌『谷根千』で「関東大震災に学ぶ」という特集をやりました。そのころはまだ関東大震災を覚えている方が多かったんです。そのあともずっと震災の話を聞いてきました。もう聞けない話ばかりなので、それを一〇〇年後の今、まとめておこうと急に思い立ちました。

そうですね。もう体験した方は一〇〇歳をとっくに超えていると思いますから。

――そのときも行政や東大にもインタビューに行きました。今回、地震研究所にお話をうかがいたいと思ったら、長い友人の伊藤谷生《たにお》さんが、「平田君にきけばいいよ」と気楽にご紹介くださって。お忙しいのにありがとうございます。東京大学地震研究所の所長、同所地震予知研究センター長、国立研究開発法人・防災科学技術研究所の首都圏レジリエンス研究推進センター長などを務めてこられました。

はい、なんでも僕でわかることはお話ししますが、お聞き及びのように、私は防災の専門ではなく、観測地震学が専門でして。

地中での計測とか、実験とか、地下で起きていることを研究してきました。一九九五年にも神戸に行ったのですが、そのときは阪神・淡路大震災そのものよりむしろ、六甲・淡路島断層帯とその下で起こっている自然現象に興味があった。私は阪神・淡路大震災とはいわず、兵庫県南部地震というのです。

——ご本『首都直下地震』（岩波新書）でも、そう書いておられました。

そもそも地震と震災は概念が違います。一九二三年に起きた地震は関東地震で、それによって引き起こされた災害を関東大震災といいます。

しかし海外に行くと震災のことは必ず聞かれますし、国や地方自治体などの防災会議にも呼ばれるようになり、その後、防災についても耳学問ですが、学ぶようになりました。

地震予知はできるか

——そもそも地震予知というのは可能なんですか？

いえ、はっきりいって、地震は予知できないです。地震の起きる確率はいえますが、いつどこにくるという決定論的なことを言っている週刊誌などは嘘だと思ってください。世の中には、本当に不確実なことと、知識が足りないために不確実なことと、両方あります。いつどこでどんな地震がくるかというのは、本当に不確実なことなので、それを決定論的に、つまり、はっきりといつどこで発生するという地震予知は不可能といっていいでしょう。

たとえばスーパーコンピュータを使うと、たくさんの分子がどのように動いているのかは原理的には計算はできるんですね。だけど分子はランダムに動きますから、分子の一個一個がどこにいるのかはわからないし、計算しても意味がない。

それと同じように地震もランダムに起きるから、本質的に一個一個の地震の発生は予測できないのです。でもこの一〇〇年に、南関東でマグニチュード（以下Mとする）7くらいの地震が五回起きている。それは事実です。だから一〇〇年に五回なら、二〇年に一回くらいの確率で起きますよ、とはいえる。しかし、平均すると二〇年に一度ですが、一〇年に三回の場合もあれば、何十年も起きない場合もありえる。これは本質的に不確実であるということですね。

——三・一一のあと、東京大学の地震研究所は、「四年以内に七〇％の確率で南関東にM7程度の地震が起きる」と公表しましたね。

今は三〇年で七〇％といっています。ほぼ、東北の地震の発生前に戻りました。正確に言うと二二〇年間に八回なんですが。平均二七年なんですよ。それは二七年ごとに起きるということではなく、時間的に不規則に起きる。それによると三〇年に、〇・七回。これは初歩的な統計学によって出したもので、確率的にはいえるけど、いつ地震が起きるかの予測はできない。

ただ、三・一一のあとは関東でもものすごく地震の数は増えました。中小の地震が増えると、大きな地震も増えるので、四年で七〇%と発表して人々の注意を喚起したわけです。三〇年にすると九八%になってしまう。現在でも、M7程度の地震は発生していませんが、M6くらいの地震は起きています。

——最近、NHKが「南海トラフ地震」のドラマ・ドキュメンタリーをやりましたね。あれ、原発の話は出てこなかったですが。

というご批判はあるようですが、よくできている番組だったと思います。いままで東海地震だけは気象庁が予知できるといわれていた。「大規模地震対策特別措置法」によって、気象庁が三日後にM8の地震が起きると予知すると、内閣総理大臣が警戒宣言を出して、JR東海は新幹線を止めて、学校は休校、銀行も窓口停止、病院は外来停止、みんな安全な所へ避難するというような、いろいろな地震の事前対策ができるとされていました。

私は気象庁の「地震防災対策強化地域判定会（通称、判定会）」というので、データを見て予知をするということをやっていたのですが、予知は地震学的にはできないと言って、警戒宣言というものは出さないことになりました。それを当時の防災担当大臣小此木（八郎）さんに申し上げたのは私なんです。その代わり、現在は気象庁の「南海トラフ沿いの地震に関する評価検討会（通称、評価検討会）」で、東海地方だけではなく、駿河湾から日向灘沖にかけての南海トラフに範囲を広げてデータを見ています。この他に、政府の組織である「地震調査研究推進本部の地震調査委員会」で、例えば、「首都圏のM7クラスの地震は三〇年以内に七〇%、南海トラフ地震は三〇年以内に七〇%から八〇%起きうる」と言っています。

地震は続けて起こりやすい

――東京直下地震より、今は南海トラフの方が緊急性が高くて、人々の関心も強いように思います。

そもそも首都直下地震と南海トラフ地震では、地震の性質とその結果としての震災の性格が違うんですよ。南海トラフ地震は東北で起きたような非常に大きな地震です。東北の時は北海道から関東まで広い範囲で非常に強く揺れた。トルコで起きたような、五〇〇キロメートルくらいにわたる地域に強い揺れをもたらした地震（二〇二三年二月六日）。それに比べ熊本地震は五〇キロメートルくらいです。今問題になっているM7くらいの首都直下地震は熊本地震くらいの地震です。しかし、首都圏には非常にたくさんの人が住んでいて、まだまだ地震に弱い建物が多いために、もし都心の直下でM7くらいの地震が発生すると被害は甚大になるのです。首都直下地震で被害が大きくなるのは、地震の性質というより、都市の人口の構造、建物・構造物の量や性質、地域コミュニティの性質のせいです。

先ほども言ったように、南海トラフ地震は、三〇年以内に七〇%から八〇%、「極めて高い確率で起こる」と言われています。これは、地震調査委員会の評価です。私が委員長です。

――平田先生、いくつ委員会やっておられ

るのですか。

わかんないくらいいっぱい（笑）。地震学では、大きな地震がいつ、どこで起きるかという予測はできないことはわかった。しかし、一回起きるとまた起きる。例えば一九四四年に東南海地震（M7・9、三重県など、死者・行方不明者一一八三人）が起きている。その二年後の一九四六年にも南海地震（M8・0、和歌山県など、死者・行方不明者一四四三人）が起きました。これは戦時中と戦後の混乱期で、被害の規模の調査が詳細にはされていない。戦時中は隠されていたかもしれないですが。でもそういうふうに地震は連発します。

江戸時代を見てみましょう。安政江戸地震の一年前の一八五四年にも南海トラフで地震が起きている。そのときは東側で最初に起きて（安政東海地震）、その約三〇時間後の翌日に西側で起きた（安政南海地震）。両方ともM8・4の巨大地震です。

翌年一八五五年の安政江戸地震は典型的な首都直下地震で、M7・0から7・2でしたが、人口稠密都市で起きたので、被害は、七〇〇〇人から一万人の死者が出るほど甚大でした。当時の江戸は世界最大級の大都市、人口一〇〇万人大都市。人口の一％近くが亡くなったのです。丸の内の大名小路などでも大変な被害が起きています。

――あそこは江戸城を築くときに資材を運んだ入り江を埋め立てたところですからね。東京駅建設の時も、松丸太を沈めて基礎にして、その上に建てています。

いまはすっかり高層ビル街になっていますが、こうした地域は同様の被害の恐れがあります。深川に被害が多かったのも軟弱地盤だからです。江戸に大きな被害があったのは、一七〇三年の元禄地震ですね。この時にも、江戸、房総半島、静岡などで一万人が亡くなったとの研究があります。その直後、一七〇七年に宝永地震が発生しました。この地震は、南海トラフ全体がほぼ一気に破壊された、最大級の南海トラフ地震です。

――富士山が噴火したときですね。

そうです。宝永地震の四九日後ですね。そのころはまだ地震計も津波計もないので、東南海、南海地震が厳密に同時に起きたかどうかは、ハッキリしません。もしかすると一時間くらいの時間差があったかもしれませんが、まあ二日後ということはない。だから南海トラフに沿って、五〇〇キロメートルもの範囲で大きな揺れと津波があった。いままでにあった巨大地震の経験から、「二度地震が起き始めたら引き続いて強い揺れが起きる可能性がある」という事実を社会に対して発表してきました。なので南海トラフで大きな地震があったら、離れた場所であっても安心してはいけない。

この前のNHKの放送でもやったのですが、東海で地震が起こってみんながそこに駆けつけて救命支援するのはいいけども、離れている高知の人たちも自分たちのところでも地震が起こる可能性はあるのだと思ってほしい。

つまり、もし東海でM8を超える地震が起こると、高知でまたM8を超える地震が起きるかもしれない。南海トラフのどこかでM8を超える地震が起きたら、南海トラフ地震臨時情報（巨大地震警戒）が出て、総理大臣がテレビに出てきて呼びかける。「地震が起こる可能性が通常に比べて高くなりましたので、各自それぞれ地震への備えをしっかりしてください」という。ただし、津波がすぐにくる地域の人へはすぐに避難を呼びかけます。そのように注意喚起する仕組みは作りました。

国の防災体制

――そこで国や自治体の現在の防災対策を知りたいのですが。

国の基本計画は「中央防災会議」が作ることになっています。これは地震が起きたら、内閣総理大臣は何をするべきか、ということなどが決まっています。そして、県とか市とか、東京特別区など地方公共団体（自治体）は「地域防災計画」を作らなければならない。いままで災害が起きてない自治体も同じように作らなければならないのです。これは、一九五九年の伊勢湾台風のあとで作られた災害対策基本法（災対法）によって作らなければならないと決められています。

「地域防災計画」とは自治体の防災のための計画です。建物の耐震化を進めたり、避難所をいくつ作って、そこに水をどのくらい、毛布をどのくらい配るか、そのためにはどの程度のお金がかかるか、議会で予算を通すために必要なわけです。その根拠として、地震が起きれば何棟家が倒れたり焼けたりして、どのくらい人が亡くなり、怪我するとかの被害想定がないとできないわけです。

私がさまざまな会議に呼ばれるのは、このような被害想定を作るためです。被害想定を作るには、伝統的な手法ですが、地下で何が起こって、地震によってどんな揺れになるか評価した上で、どのような災害が起きるか割り出します。

中央防災会議はいま都心南部直下地震が起きたならば六一万棟が全壊・焼失するだろうと想定しています。発災したときに個人所有の家の復旧をどこまで税金で補塡するか。家も直すし、怪我したり、病気になった人をどのように面倒を見るか……、被災した人たちは生涯、国が面倒を見る。

――災害関連死というのもありますね。

けっこうあるんです。健康な方や持病をもっている方が避難所などで、普段の暮らしができないことで亡くなってしまう。これを災害関連死としている。熊本地震では約二八〇名が亡くなりました。そのうち、家が倒れて圧死したりなどの直接死の人は五〇人で、残りは関連死です。病院に入院していて、地震がなければ長生きできる人が、地震の後に不自由な暮らしをつづけることで亡くなれば、それも関連死になります。

――私の友人のお母さんは、石巻の病院から避難のため、ヘリコプターで空中に吊り下げられたのがショックで亡くなりました。

それも関連死ですね。でも、ヘリコプターで助けられなければ、津波で亡くなってしまったかもしれません。福島でも深刻です。バスで別の病院に移送される途中で、糖尿病とか、透析が必要な方が亡くなられました。せっかく助けられた命が亡くなるというのは残念なことです。関連死というのは阪神・淡路大震災以降に出てきた概念で、現在ではきちんと法律上にも規定されています。その点では日本は先進国といえます。

関東大震災では一〇万五〇〇〇人亡くなったといわれています。あそこでも災害関連死はあったはずですが、カウントされていません。当時はそういう概念がなかった。

ただ関連死を被害想定に入れるのは極めてむずかしいですが。

二〇二二年の想定では、都心南部直下地震では六〇〇〇人ほどが亡くなるだろうとしています。一〇年前の被害想定に比べると、少し想定死者数が少なくなっています。関連死者数の数は、避難者の数に比例するだろうとは思います。東京では、最悪のケースで約三〇〇万人が避難するだろうという想定です。東京二三区の人口が九五〇万人ですから、かなりの人が避難する。

――中央防災会議は、どのような組織で、どのような人がメンバーなのですか。

総理大臣が会長で、半分くらいは大臣です。首相、国土交通省、厚生労働省などの担当大臣と、消防庁、警察など行政機関のトップ、産業界の代表、それで学識経験者は三人くらいですかね。私の時は、地震学者は私一人でした。年に一度の会議で、討論もすくないです。

その下に実行会議があり、私は今そちらをやっているんですが。さらにその下に、学識経験者と役人が入ったワーキンググループがある。そこが実際の被害想定を作る。そのまた下に、検討会というのがある。ワーキンググループの会議自体は公開されませんが、議事録は公文書として公開されていますから、メディアが公開請求すれば見ることは出来ます。

——ややこしいシステムですね。

内閣府防災というのは、実態は国交省から出向して来た人が仕切っています。もともと防災とは、河川の管理をすることだった。一級河川をあふれないように、ダムとか堰をつくる。防波堤を作る。治水が大事ですから。だから河川局がある国交省が中心でした。

熊本地震の時は、熊本城の石垣が崩れましたが、こちらの復旧は文化庁がやっています。今、その石の一つ一つに番号を付けて元と同じに積み上げていく。二〇五〇年ぐらいまでに直すはずが、それもできそうになくて、まるでバルセロナのサグラダファミリア教会みたいに延々工事をしています。それならば、復旧工事をしているところを観光資源にしようと文化庁は考えています。時間のかかる復旧・復興の作業を防災のための教材とするのは、なかなかいい考えですね。熊本城は加藤清正が築いた城ですが、彼は都市計画・土木や建築の知識と技術を持っていた。

——新しく築城する方が、修復より早いくらいですね。江戸ですと、藤堂高虎が自分の居城の津も都市計画をしましたが、上野の寛永寺の建設にも関わっています。

関東大震災と今

――関東大震災の時には、中央防災会議はあったんですか。

ないです。

――その割にはみんな連携協力して、消防や救助に働いたものだと思います。調べていますと。

それは江戸で火事が多かったからではないでしょうか。もともと町火消しの伝統があった。私は、今は江東区に住んでいますが、江戸という都市は火事が前提で、火災の後の復旧のために、木場の貯木場に木材を集めておいた。また、江戸は首都になって、参勤交代も義務づけられ、その武士たちが住むところがないので、大変な再開発をやった。江戸城の周りに大名屋敷を並べて、お城を守ったりね。関東大震災の時も、それが生きていたのでしょう。

――今の東京大学の所に上屋敷のあった加賀の前田家は独自に加賀鳶というのをもっていましたが、大正の地震のとき、当主が本郷の消火に大活躍しました。彼は近衛連隊の将校だったので、持ち場にいないで家の消火につとめたというので批判もされたのですけども。地域としては助かりました。関東地震はどのような地震だったのでしょう。

都市直下の地震ですよ。いま、トルコの大地震でもうすでに五万人くらい亡くなっていますが、地震の規模と大きさからいうと、あれに匹敵するのは関東地震ですね。トルコの地震はM7・8、関東地震は7・

9です。熊本地震の比ではないです。熊本の地震はM7・3。

関東地震は相模湾海底で起きたといわれていますが、地震は地下の断層がずれるように破壊される現象で、それはある一点から破壊がはじまる。震源とは最初のずれがはじまったところにすぎない。関東地震は差し渡し一〇〇キロメートルくらいの断層の破壊があったので、それは首都東京の真下までのびていた。だから首都圏の真下で起きた地震といえるんですね。

最近時々メディアから聞かれるのは、東日本大震災ではM9ですが、それでも死者・行方不明者二万人。それなのに、M7・8のトルコではもう五万人亡くなっている。それはなぜかと。要するに何を言わせたいかというと、トルコは建物がぼろくて耐震性がない、ということらしい。

――トルコに建物の耐震基準はなかったのですか。

トルコの耐震基準はヨーロッパ並みですよ。日本と同じくらいの基準です。ただそれを守らないで建てられた建物が多かったということはある。それで逮捕者も出て裁判になっています。結果的にはちゃんと作っていない建物があったわけですが、基本的には関東地震と同じような大きな地震が都市の直下で起きて、被害が起きたというのが大事な事実です。

――7・8と7・9はどのくらい違うのでしょうか。

0・1大きいと約一・四倍になります。これはそうたいしたことないけど、7・3と7・8では、0・5違います。マグニチュードは、エネルギーの対数に比例するので、0・5違うと約六倍エネルギーが違う。しかし、エネルギーが重要なのではありません。一定以上の強い揺れが広い範囲で起これば被害が大きくなるということが大事なことです。トルコは断層の長さが二〇〇キロメートル。神戸の地震は三〇キロメートル。非常に強く揺れた場所は限定的なので、大正の関東地震やトルコの大地震のような巨大地震に比べて被害が相対的に少なくなる、というのが私の理解です。もちろん、神戸の地震（阪神・淡路大震災）で六〇〇〇人以上が犠牲になったことは決して、小さな災害ではありません。

みなさんは大きな地震は大きく揺れ、小さな地震は少ししか揺れない、と思っておられるけど、そうではない。ある程度大きな地震になるとそれ以上は揺れません。大きな地震というのは、広い範囲が強い揺れになるということです。

――昔はマグニチュード○●でなく、震度△とか言ってましたよね。

震度は地面の揺れの強さの程度です。気象庁は一八八四（明治一七）年から震度を公表して、今に至っています。最初は、微、弱、強、烈四段階でした。いまでは、0から7で、5と6には、弱と強があり、全部で一〇段階です。時々震度8なんて書いている週刊誌があるけど、すぐインチキだとわかります。

一方、マグニチュードはアメリカの地震学者チャールズ・リヒターが一九三五年に導入しました。これは、地下で起きる地震そのものの大きさを表す単位です。基本的には、マグニチュードは一つの地震に対して一つありますが、震度は同じ地震でも場所によって異なります。

――なるほど。東京都の前の予想だと死者は約一万人、今度の災害想定は約六〇〇〇人、なぜ減ったのですか。

それは住んでいる家の耐震化、不燃化が進んできたからです。

今の耐震基準は人の命が失われないようにできている。車もそうです。車は周りがぐちゃぐちゃになっても人のいるところは安全なようになっている。家も同じで壊れても隙間ができるようになっている。

淡路島の野島断層は、地震を理解するための活断層ということで天然記念物に指定されています。その断層がずれたところに建っていたある方の家というのが北淡震災記念公園に展示されている。そこはリビングルームがずれて食器棚がぐちゃぐちゃになって、家は住めないけれど、潰れていない。人は亡くなっていません。

――関東大震災は焼死、阪神・淡路大震災は圧死、東日本大震災は溺死が多いのですが、来るべき都心南部直下地震の死因はどうなるのでしょう。

やっぱり火事による焼死が多いです。ただ関東大震災の時は台風が来ていて、風によって火事は広がった。風がなければあれほどは広がりません。

――火がまた風を起こす。本所被服廠あとでは竜巻で人も馬車も巻き上げられました。また九月一日は土曜日で、地震発生はちょうど正午のころ、お昼ご飯を薪や練炭で作っている最中でしたね。

一一時五八分ですから。それに対し、阪神・淡路大震災は早朝、五時四六分に起きました。死者はほとんど一五分以内に亡くなっています。古い木造住宅が潰れたり、家具が倒れてきて圧死しました。

古き良き町とだけはいっていられない

――そこなんです。私たちの町、谷中や根津は関東大震災、戦災を逃れた木造の町並みが、一つの特徴です。路地を介しての人々の付き合いや助け合いは残したいものだと思います。震災と戦災、両方を逃れたところは谷根千と、佃島、京島など少ないです。市外はそのころはまだ密集した町になっていなかった。そのなつかしい、ほっとするたたずまいに惹かれてたくさんの人が来るわけですが、震災が起きた時を考えると慄然とします。

一九七八年に宮城県沖地震というのがあって、ずいぶん家が倒れて人が亡くなりました。それで一九八一年六月に、建築基準法が改正されて、新耐震基準というのが出て、それに適合しない家は売ることができないのです。

東京都の被害想定は一〇年前にしたのが、死者九七〇〇人、今回（二〇二二年）は六一〇〇人。死者の予想が減ったのは、倒れる家が減ったから。一〇年前は耐震化率が八八%でした。今は九二%まで、耐震化が進んだといわれています。つまり東京都は自分たちの施策が成功したと言っているわけです。一方、東京ではどんどん再開発が進んで、みんながコンクリートの高層共同住宅、つまりタワーマンションに住むようになったのが、不燃化が進んだ実態でしょう。でも、木造密集住宅はまだたくさんあります。

その前も耐震基準はありまして、それを旧耐震といいます。阪神・淡路大震災では、新耐震でも戸建て住宅が倒れたので二〇〇〇年にまた耐震基準を強化した。

東京都が言っている耐震化率九二%というのは、一九八一年の新耐震をクリアしているという意味です。

その新耐震をクリアしていない八%がどこにあるか。それが木造住宅密集地域、いわゆる木密は山手線の外側に広がっています。それは関東大震災の時に残ったところ。

あのとき、日本橋区、京橋区、浅草区、本所区や深川区は、焦土と化して、後藤新平がそのあとを区画整理して、道も広げ、家が建ちました。彼はもっと緑地帯をもつ広い道を作り、公園を作りたかったのですが、予算がなくて途中で断念した。

地震で焼け出された人たちがまだあいていた郊外に逃げて住み着いたのが今の木密地帯で、山手線に沿ってその外側に広がっています。道も狭いし、空き地もないし、バタバタと建てた震災後のバラックや木造の家がまだ残っているわけです。

——うちの方ではお年寄りがその辺のことを新開地とよんでいました。市外の日暮里とか田端、十条、赤羽、荒川方面ですね。

もちろん山手線に沿ってぐるりと品川や大井町にもありますが。行政的にも定義されているんですよ。東京都は、二八の整備地区(約六五〇〇ヘクタール)と五二の重点整備地区（不燃化特区、約三五〇〇ヘクタール）を指定して、整備に取り組んでいます。個人の家でも耐震化建て替えや補強に区を通じてお金が出る。それは都から出るお金です。区によっては指定地以外でも区独自の補助金をだすところがあります。

——ああ、その不燃化特区に谷中が入っています。多くが山手線の外側ですね。前の豊島区長さんは、うちが二三区でいちばん人口密度も高いし、木密だと、嘆いておられました。

いま、新築すれば、二〇〇〇年の耐震基準を守らなければいけないので、耐震化は進む。昔は家は子どもや孫が受け継いで住むので、代が替わると建て替えたり大規模改修したりしたんだけど、いまは一緒には住まないので、独居老人が住むところは、そのままになってしまう。その人が亡くなって、やっとそこの土地が売られ、新しい持ち主によって建て替えられる。

——まさに。うちの方でも一人暮らしのおばあちゃんが亡くなると土地が更地になって売りに出ます。

古くても住んでいる家は、既存不適格といって、建てたときの法律に適していればいいけれど、建て替えるときには現在の法律に合わせないといけない。南海トラフで最大三四メートルの津波が来るといわれている高知県の黒潮町は町が補助金を出すから耐震工事をしてくれという施策を出している。東京にも横浜にも千葉にも同じような助成はあります。

——もう一つはいわゆる二項道路、狭い路地が多い事ですね。

そうです。建築基準法四二条二項で規定された「みなし道路」で、本来は、四メートルの幅のない道に面していない土地には家は建てられないのですが、そういう狭隘密集宅地は狭い路地に面して建っていたりします。消防車が入っていけないんです。道を広げるには地域コミュニティを変えなければいけない。それで近代的な高層長屋を縦に作ってそこに入っていただく、というのが多いパターンです。

——墨田区の白鬚東アパートとかですね。あれは人間の住むコンクリートの建物を延焼遮断帯にもしようという。ちょっと非人間的に思えます。近代的な団地ができた反面、あそこにあったうららかな汐入という漁師集落は消えて殺風景なビル群になっていますが。

私たちはどうにか、路地を保ったままで防災能力を高めることはできないかと。たとえばうちの方では、昔から「火事を出したらもうこの地域に住めない」というモラルがありました。乾燥した冬にはいまでも、町会が子連れで火の用心で拍子木を打ち鳴らして見回りをしています。いったん火事があってもよその家の窓を開けてホースを通して、消火します。谷中は私が見てきた四〇年ほど、火事は二、三件も起こっていません。ソフトの知恵も大事です。

うまくいっているところもあり、いってないところもあります。商売やっている方はなかなか上階に上がるわけにはいかないでしょうし。

東京都の防災計画

――私も文化財の防災が課題の文化庁の委員会に入って、木造のお寺や神社を文化財として守りながら、いざというときにどうやって消火するかという議論をしていました。防災のサイトに公開されているからと、国の方針や計画を見てもとにかく膨大で細かくて、行政文言でよみにくくて……。

あれはわざとわかりにくくしているようなものです。言質を取られないように。二〇二二年の五月に出した東京都の防災会議の報告は私が部会長でまとめましたが。

――それは国と比べてわかりやすいものですか。

いやいや、役人が厳密性を重視して作っていますからわかりやすくはないですね。防災局は許可を出すようなところではなくて、想定に基づいて地域防災計画を作るところです。予算をとる地域防災計画なので、できないことは書けないんです。たとえば一万人が避難しますよ、という想定を出したら、一万人分の避難所を用意しなければいけません。だけど一〇年かかってもできないようなことは、書けません。書けないことは議論しません。

――なぜ、火災被害が減ったのでしょうか。

燃える建物が減ったというより、出火しにくくなったんです。一〇年前とくらべ石油ストーブやガスストーブが減って、部屋からは出火しない。これを東京都では「ライフスタイルが変わったから」といっていますが、つまり東京都の防災施策の手柄ではない。出火しないのがいちばんいいが、出火しても延焼しなければいい。そのためには燃えない素材にする。または道を広げ、広場など公開空地をもうけることも大事です。

――そこに樹木が植えられていることも、防火対策では重要です。しかし超高層などの再開発が進む中で、公園も神宮外苑のように再開発されたり、並木も伐採されることが多くなっています。

家の中のことをいえば、私の住む共同住宅も石油ストーブは禁止、ガス栓もない。料理だけはガスでしていますが、それすらないIHのマンションも増えています。

マンションは一一階以上にはスプリンクラーも付けなければならないですね。消防法で決まっていて、火災報知器の検査も半年に一回あります。

――この前、朴葉ミソを小さな卓上焜炉の上で焼いたら、火災報知器が反応して、マンション中にサイレンが鳴って冷汗をかきました。

文京区ももちろん基礎自治体として地域防災計画を作っているはずです。被害想定もあるはずです。それはたぶん東京都が作っているものの、文京区の部分をコピペしているだけと思います。独自にちゃんとやっている自治体もなくはありません。草加市かな。それができる職員がいる。でもたいていは膨大な仕事なので、コンサルにやらせなければならない。お金もかかりますので、文京区は、東京都の被害想定のうちの文京区の部分を持ってきて、住民をどこに避難させるか、緊急避難場所と避難所をそれぞれ決めているはずです。

――三・一一の時にうちのあたりで問題になったのは、小学校に行ったらそこを町会役員がしきっていて、町会メンバーだけ入れて、通勤や通学の方々を閉め出したことでした。

それは町会の権限でできるかは疑問ですね。ただし、そもそも、避難所の収容能力は、避難者の数に比べて少ないのも事実です。避難所以外で避難する工夫も必要です。本当は、自宅で避難する、在宅避難が望ましいですね。

オフィスにとどまれ、無駄に動くな

また地震があったときに、多くの人は家族が心配だからと一刻も早く家に帰りたいと思うでしょう。しかし、現在、東京都では大規模事業所には、一斉帰宅抑制、一週間は仕事場にとどまれ、というのを努力義務としています。連絡さえつけば安否は確認できるわけですからね。そのために職場に食料や水を備蓄せよと。だから避難所ではなくて耐震ビルのオフィスにいればいい。職員だけでなく、来客中の人や周辺住民も受け入れる必要があります。

――関東大震災の時は、土曜日で半ドンで、公務員もみんな家に帰っちゃったんですよね。当時、スマホのような通信手段はなかったし、テレビもラジオもない。みんな家族の安否が知りたかった。次の日は日曜日で誰も役所に出てこなかった。

そうです。東日本大震災の時も金曜日の午後二時四六分でした。それで東京では会社によっては早期退社にして、社員を帰しちゃったんですよね。東京は揺れましたけど、基本的には被災はしませんでしたね。ところが地下鉄もＪＲも止まっちゃうし、自家用車やタクシーで帰ろうとして、結果としてものすごい渋滞になりました。数時間かそれ以上も歩いて家に帰る羽目になった。それはダメだと。基本的には移動するな、むやみと動くなというのが、今の考えです。東京都の条例では三・一一よりずっと前からそう言っているんです。

そもそも学生が大学にいるのや、会社員が職場にいるのは、帰宅困難者ではないのです。もともとそこにいるべき人ですから、そこに留まるのです。たまたま出張にきていたとか、観光に来ていて、その人たちが家に帰れなくなったら帰宅困難者です。

——まあ、夫婦とも都心で共働きで、赤ちゃんを郊外で預けている人は心配で帰りたくなるでしょうけど。

それはわかりますね。前は幼稚園や学校でも親に引き取りに来てもらって子どもさんをわたすというのが主流だったんですが、いまは共働きが多いし、幼稚園でも必要があれば子どもをそのまま保護しつづける。

それでも帰りたい人もいるから、コンビニなどでも帰宅途中の人々を支援する。飲み水やトイレの提供ですね。三・一一の時に帝国ホテルなどは帰宅途中の人を休ませるなどしています。

——八重洲ブックセンターもそうしました。

だからいまは、社員数かける一週間分の食料ではなく、一割余分に備蓄してください、帰宅途中で困っている人を助けなさいという努力義務になっています。

——ＪＲ東日本は駅によっては七時でシャッターを下ろして、トイレの提供や水も飲ませないと批判されました。

ＪＲは鉄道復旧が最優先課題です。そこにいる人はそれに一丸となってあたる。そのために、地域サービスは出来なかったのだと思います。いわゆるＢＣＰ(Business Continuity Plan)、事業継続計画といいますが、非常時に会社は何を優先的にリソースを振り分けるか、日頃から考えて決めておく必要があります。会社が一番優先すべきことは何だと思いますか。

——……何でしょう。

社員の命を守ることです。もちろん、会社は利潤を上げて株主に配当するのが社是ですが、同時に社員の命を守る。棚やコピー機、オフィスの什器が倒れて社員が下敷きになって死んだとすればそれは経営者の責任です。企業には、会社で働く従業員を守るために、安全配慮義務が法律によって定められているのです。天災だからと言って、責任逃れはできません。

——関東大震災の時、小石川の博文館工場の屋根が落ちて二〇〇名亡くなっています。

病院なら医療機能、怪我した人を治すのを、当然、最優先すべきです。しかし、いまいる入院者を守ること、それと外来の駆け込んでくる重傷者の医療をどう両立するかを考えなくてはいけません。そう考えると、ＪＲがすべきなのは鉄道の復旧で、それは田舎の小さな駅と新宿みたいな都会のターミナルとでは違うし、駅長の判断でしょうね。

——だったら日頃から、駅員は鉄道復旧にかかる。駅のコンコースは非常時には地域の人の協力をえて、乗客や帰宅者にサービスをするとか決めておけばいいですね。

デパートでは高島屋は、災害時に社員、中にいる客、外から保護を求める人をどう助けるかのマニュアルをもっていますね。エレベーターの中には非常用の備品、水や携帯トイレを備えています。

避難所に行くのは
家が壊れて住めない人だけ

——コミュニティが健全で、つながりがあるということも大事ですね。

避難所は火事で焼けたり、自宅が倒壊して住めない人のためにあるんですね。揺れに対しては、今の耐震基準なら七割、八割の人が住み続けられるはずです。

それにもかかわらず、みんな避難所に行こうとするのは、ライフラインが使えないからです。

——超高層ビルの上の方にいたら避難したくなりますね。新宿の超高層ビルが三・一一の時にどれもゆさゆさと長い間、大きく揺れていました。中のレストランでもキャスター付きのワゴンがあっちへ行ったり、こっちへ行ったり、グラスもお皿も割れて。

新宿の高層ビルは一〇分間、二メートルの幅でゆれた。オフィスはデスクや棚を固定してありますが、レストランなどは中がぐちゃぐちゃになります。そもそも高層ビルは安全基準があって、倒れないんです。しかし電気が止まったり、仮に電気が通っていても揺れれば、エレベーターは止まる。それも改善されて、エレベーターは最寄りの階に行って止まるようにはなっている。故障すれば階の間で止まり、中に閉じ込められますが、これは事故です。正常に機能しているエレベーターは、最寄りの階に行って止まるように作ってあります。エレベーターが止まってもまず復旧は閉じ込めの救出、病院・高齢者施設など、公共性の高い建物からなので、一般のマンションなどはあとまわしになるでしょう。

――だから、避難所にいた方が、情報も、食事も得やすいじゃないですか。東北でも自宅にいた独居老人など、ガスも電気も使えないのに援助が届かなくて問題になりました。

役所がいうには、住民がどこにいるかわからない、ということです。地域の民生委員やケアマネージャーなどはわかっていますが、それは個人情報だから、役所の人でも、防災担当の人に基本的には伝えてはいけないんです。これは大変な問題です。

――すべてに縦割りなんです。あと避難所では暮らせないお年寄りも多いでしょう。夜中にトイレに行くとか。

自治体の防災部局と、福祉部局がたこつぼ化していて、連携が取れていないところがほとんどです。東京もしていませんね。ある団地に要支援者が何人いて、どこにいるか、データがあっても、それが共有されていないといざというとき機能しません。

私はマンション住まいで、一年間、管理組

合の防災担当理事をしました。マンションには管理組合を必ず置かなければならないんですが、理事長は、消防管理と防災管理担当の理事を選出しなければならないんです。私はこの際だから、神田の消防技術試験講習場にかよって防火・防災管理講習を受け、講習修了証を頂いてきました。ただしマンション管理組合は管理組織で、防災組織ではないんですよ。でも自主防災組織を作っているところもあって、防災倉庫に水やバールやヘルメットや備蓄食料をもっているところもあります。

――平田さんが防災担当理事なら心強いでしょうね。いま、マンションは町会に団体加入になっていて、実際にはうちのマンション住民は防災訓練にも出てこないし、町会に興味もないですね。私も町会に「何か手伝えることはないか」といったら「まずはお祭りの時に、割烹着もってきてください」といわれ、気持ちが萎えました。神酒所で、町会幹部のおじいさんにお茶入れたり、酒のつまみを作らされたり。性別役割分担で旧態依然としているんです。

避難場所と避難所は違う

――私たちの町では東京大学が避難場所なんです。

東大は緊急避難場所です。しかし東大の理事は、東大構内は避難場所なのだから、構内には入れるが、建物内には入れないということを言っています。東大は「避難所」ではないからです。そうするとトイレや水も使えない。まあ、実際には建物に入ることを止めることはできないでしょうから、使えますけどね。

——まず東大に逃げて安全か、ということがあります。関東大震災の時も、東大構内では応用化学実験室などから火が出て、図書館や法科教室も焼けています。あの頃はもう少しキャンパスが広々していましたが、いまは建て込んでいます。あのとき、街に延焼しなかったのは、周りに樹林帯があり、結構な高さの煉瓦塀が巡っていたことが大きい。でも今はギリギリまで建物が建っていますから。それに、東大には実験などの細菌、動物、医療用の放射性物質などもありますね。重要なデータもあるでしょうし。

だから、建物の中に入れないという方針になります。

——夜中に行っても門は閉まっているのではないでしょうか。

通用門はあいていると思います。コロナで警戒していますが。そこに避難民が殺到しても困りますが。三四郎池の周りは避難しても大丈夫かな。時計台の前は古い建物ですから危ないですね。御殿下グラウンドや農学部グラウンドがいいでしょう。

みなさん、避難場所と避難所がごっちゃになっていますね。避難場所はEvacuationで最初に安全を確保する広くて安全な場所、避難所はシェルター、家が壊れたり使えないときにしばらく暮らす場所。Evacuationの意味の「避難」は、「退避」です。江東区は湾岸のタワマンエリアには避難所はあるが、避難場所はない。なぜならタワマンは倒れないし、燃え広がらないので、そこにとどまる方が安全で、緊急避難する必要はないんです。一つの住戸が焼けても他の住戸には延焼しない。「地区内残留地区」といいます。逃げなくていい。

――言葉が似ていますし、区別のつかない人が多い。「まず最初に逃げる場所」「家が使えないときに暮らす場所」とかいったらいいのに。

災対法でもちょっと前まではあまり明確に区別していなかったんです。

いまそれぞれがすべきことは

――私のマンションも新耐震以降ですので、避難する必要はないんですね。

はい。家具を固定して、水と食糧を確保して、そのままいてください。

――お風呂のお湯は落とさない方がいいんですね。

ええ、うちは落としてません。いろんな説がありますが。トイレを流すのに役に立ちます。水はポンプでマンションの屋上まで押し上げていますから、停電になると、上の方の階では上水道は使えなくなります。水道管がこわれていないとしても、四階は使えるかどうか微妙ですね。圧力があるから三階くらいまでは上がるんですが。

うちのマンションでは一階のゴミ置き場と駐車場のところの水は停電時も使えると私は防災担当としてお伝えしています。上水道のもととなる各地の浄水場は耐震化して、今、壊れないことになっています。下水も壊れないようにしてますが、古いマンションで下水管が壊れると、上の人がトイレを使うと、下の人が汚水でびしょびしょになる。家のトイレは使うなという人もいます。だから携帯トイレは必須です。

――ほかにはどのようなことに気をつければいいのでしょう。

関東大震災の時、本所被服廠あとは家財道具を載せた大八車を持ち込んだ人たちで、身動きできなくなってしまった。その荷物に火がついた。いまは大八車はないですが、車が大きく問題になります。現在は「車で逃げるのはやめましょう」と言っています。車は燃料のガソリンを背負っていますし、渋滞になったらそれが数珠つなぎになります。そこに火がついたらたいへんなことになる。

地震が起きたら、七二時間は人の命を救うことが優先になる。下敷きになったりなど、死にそうな人のところに救援は駆けつける。元気な人は自宅で七二時間は生き延びるしかない。下手に動かない方がいい。

――ときどき、小さな発電機でも買おうかなと思うことがあります。

電気がないと困るのは透析とか、医療機器を使っている人ですね。そういう人は自家発電機がある方がいいでしょうが、マンション住まいの方がそれを持つ意味はあまりないでしょう。発電機があっても、燃料がなければ意味はありません。本当に必要な電気は何かということです。情報を出すテレビ局やラジオ局からの情報が聞ければいい。これは、乾電池があれば十分です。エレベーターを動かす必要はないのです。

――関東大震災の時は、ラジオすらまだなかったのですが、ほとんどの新聞社は被災

して数日、新聞を出せませんでした。三・一一の避難所となった小学校の体育館では電気のコンセントが少なくて、スマホのチャージのために取り合いが起きていました。

スマホに充電できるタイプの電池はもっていると便利かもしれません。手回しラジオなども役に立つと思います。江東区は全戸に、電池がなくても動く手回しラジオを配りましたよ。最低限の情報が来ないと困るから。

乾電池は懐中電灯に必須ですから、用意しておく必要がありますね。小さな太陽光パネルはLEDライトの電源やラジオを動かすくらいには使えます。町内会やマンション管理組合などの防災組織は発電機をもっている必要がありますね。消防法で、マンションには消防設備のための非常電源をつけなければいけないことになっている。消防車が来たときに必要なんですよね。放水にも、生き埋めになった人を押さえている柱を電気ドリルで切るためにも。

——マンション管理組合が、どこに非常電源があるのかわかっていて、それを使えるようになっていないといけないですね。いざというとき、非常電源を置いている倉庫の鍵が見つからないとかあるでしょう。

防災倉庫の鍵は理事長と防災担当理事がもっています。うちのマンションではその二人が何号室に住んでいるかは張り紙もしてありますよ。停電になっても廊下の非常灯はつくようになっていますが、あれも半日ぐらいしかもちません。今のマンションは入り口に自動ドアがあります。普通は停電時には開けたままになるように、または手動で開けられるようになっているはずですが、これが開かなかったら大変です。

――関東大震災の時はそれこそ発電機などもなかったですし、懐中電灯もなかったでしょう。寺田寅彦は震災後にろうそくを買いに行っています。

一〇〇年前は電化製品は少なかったでしょうね。サバ缶ろうそくというのがあったんですよ。サバ缶を開けてその脂分に芯を入れて、火がつくというのですが、今は、そういうのはやめたほうがいい。地震は必ず余震を伴いますから、ろうそくを付けてそれが倒れて引火したら大変です。太陽光発電パネル付きの電気ランタンを備えるべきです。

――最近気づいたことですが、関東大震災の夜は真っ暗になり、その暗さの恐怖が、朝鮮人が襲うとか、井戸に毒を入れたというデマを広げるのに輪をかけたように思うんです。真っ暗な上野の森の中に誰がいるかわからないという恐怖はすごいものだと思います。

そうでしょうね。今は誘導灯とか、非常用の灯りはバッテリーで動くようになっています。でも一週間は動かない。みんなで使う外のトイレとか、水道に関する住民の意思疎通がだいじですね。

――区役所は家族で落ち合うところを決めなさい、といっていますが。

家族がバラバラになったときに、事前に決めておくのは大切です。みんなが夜で家にいるならいいですが。とにかくその家が一九八一年以降の新耐震かどうかは確かめておく。戸建ての住宅は、二〇〇〇年基準を満たしていればもっと安心ですね。その前でも、大規模修繕とかをちゃんとやっていれば大丈夫なはずです。

最初の一撃を逃れても、二回目、三回目で壊れる。関東地震は最初の地震がM7・9でしたが、五分後にM7・3の余震が起きている。そして次の日にまたM7・3が起きています。大きなのが三回来ている。中央防災会議で、想定している首都圏の大地震はこのくらいの大きさ、M7・3の地震ですから。

そして、昔は「ぐらっときたら火を止めろ」というのがありましたが、今は、ガスの火は自動的に消えます。「ぐらっときたら身の安全」が大事です。学校でしたら、机の下に隠れるのがよいと言われています。机の下に居ても、家が崩れてきたら役に立ちません。しかし、新耐震以降ならすぐには建物は潰れない。ただ、お皿やガラスの瓶や本が飛んでくる可能性があるから、頭を防御しろということです。いったん揺れがおさまったら火の始末を確認する。ガスの元栓を閉めたり。火災が来るとわかったら逃げなくてはいけない。

以前は、地震が来たら手ぶらで逃げろ、家財道具は持ち出すな、といわれていましたが、それは関東大震災の経験からです。これは、いまでもそうですが、できれば最低限の防災用品を持ち出してください。今は、「地震になったら車で逃げるな」です。そのように防災知識もアップデートしなくてはいけない。小学生は月に一度は防災訓練の日があって、消防訓練、防災訓練をやっています。むしろ、わかってないのは大人ですよね。

――子どもがいない人はその情報も子どもからはいってきません。

そうですね。それも問題だと思います。

――今日はありがとうございました。たいへん勉強になりました。

まとめてみますと、

1、いつどこでどんな地震が起きるかは予知できない。

2、しかしどのくらいの確率で来るかは予測できる。

3、一つ大きな地震が来たら、連続して地震が起きる可能性がある。

4、新耐震以降の建物は関東大震災級が来ても壊れないから、すぐに逃げなくてよい。

5、地震には必ず余震がある。ぐらっときたらまず身の安全。頭を保護する。

6、車で逃げてはいけない。

7、新耐震以前の建物の人と、周辺で火災が発生した人は近くの緊急避難場所へ。

8、家が壊れたり焼けたりした人、住み続けられない人は、避難所へ。事前に、緊急避難場所と避難所の場所の確認。

9、家にとどまるために、一週間分の食料と飲料、常用薬、携帯トイレと懐中電灯は必須。

10、家具は固定し、窓には近づかない。エレベーターは使えない。

11、スマホチャージのための電池式充電器か小さなソーラー発電機、手回しラジオも役立つかも。

12、日頃から、マンション自治会、町会との付き合いも大事。いざというときの訓練や予行演習をしておこう。防災倉庫の鍵や消防車用の水道栓も確かめておく。

13、家族の集合場所を決めておく。

（二〇二三年三月二九日）

平田直（ひらた・なおし）

一九五四年東京生まれ。東京大学理学部・理学系研究科修士課程修了。理学博士（東京大学大学院）。東京大学地震研究所教授、同所長、国立研究開発法人防災科学技術研究所参与・首都圏レジリエンス研究センター長を経て、現在、東京大学名誉教授。

専門は地震学・地震防災。首都直下地震や南海トラフ地震などの巨大地震の解明とともに、被災した都市機能の回復についての研究を行う一方で、一般社団法人防災教育普及協会会長を務めるなど、防災教育にも取り組む。政府の地震調査研究推進本部・地震調査委員会委員長、気象庁・南海トラフ地震に関する評価検討会会長他政府の委員等を務める。防災功労者内閣総理大臣表彰受賞。著書には『首都直下地震』（岩波書店）他がある。

あとがき

この本を書こうと思ったのは二〇二二年の秋である。

大正一二年の関東大震災は昭和二九（一九五四）年生まれの私は知りもしない事件だった。昭和二（一九二七）年と四（一九二九）年生まれの父母でさえ、関東大震災は経験していない。子どもの頃、親から聞いた話でかすかに覚えているのは二つだけである。その頃芝区白金で歯科医院を開業していた父方の祖父は、長男が生まれたばかりだったが、被災して家族で故郷宮城県丸森に避難した。祖母は、「赤ちゃんを抱いて、列車の継ぎ目に腰掛けて田舎まで帰ったの。こわかった」と語っていた。

母方の祖父母はもう物心がついた頃には生きてはいなかった。母によれば、「昭和二〇（一九四五）年の東京大空襲の時、観音様に逃げて助かったのは、おばあちゃんが『土左衛門になるのだけはイヤだ』といってたから。震災の時、隅田川でたくさん体が膨れ上がった遺体を見たらしい」とのことだった。母方の祖父も浅草で歯科医を開業していた。

一九九〇年に地域雑誌『谷中・根津・千駄木』で「関東大震災に学ぶ」という特集をし

たのは、その頃再び関東大震災が起きるのではないかと噂されていたからである。当時の被害の想定は大きなものだった。現在では不燃化の進行により、死者の想定数はよほど少なくなっている。しかし二〇一一年の三・一一東日本大震災を経験し、今でも関東大震災に学ぶべきことは多いと思う。

二〇二三年の現在、関東大震災の年に生まれた人は一〇〇歳。それを物心ついて記憶している人は一〇五歳以上ということになり、ほぼ一人もいないだろう。この聞き書きをまとめて今、活字にしておくことは必要なことに思われた。一九九〇年の震災特集から、じつに三三年目のアーカイブである。この間、目力衰え、疎漏なきかを憂える。

二四号で聞いた話をわかりやすく、できるだけ時系列に並べ替え、また『谷根千』刊行中に聞いた膨大な関東大震災の経験について、差し込んでみた。当時の誤りやわかりにくいところは文意を変えることなく、少し整理した所もある。

また親しくしていた台東区立下町風俗資料館の松本和也初代館長が行った旧下谷・浅草の聞き書きからも、引用させていただいた。「松本さんはすでに亡くなられ、本も絶版になっているので」とこころよく許してくださったことに感謝する。作業の終盤になって文京区側にも震災体験の聞きとりがあることに気づき、これも活用させていただいた。本書はあくまで震災を体験した人々の記憶であり、記憶は時間とともに変わってゆく。それで

も彼らが何を〈記憶〉していたかを〈記録〉することは価値があると考える。それにより、関東大震災とは何だったのか体感していただければと思う。

最後に、特集をしてからの地域防災について、東京都の防災の見直しの委員長をされた東京大学地震研究所の平田直名誉教授に話を聞いた。

編輯の足立恵美さんがこれほど迅速に仕事をしてくれなかったら本書は一〇〇年に間に合わなかった。かつて体験を語ってくださった地域の方たち、一緒に取材をした仰木ひろみ、山崎範子、『谷根千』から震災経験の記述を拾い集めてくれた梶原理子《さとこ》、装丁の矢萩多聞、丁寧に校正してくださった井村真帆、立川火奈子の諸氏にもこころから感謝する。

二〇二三年七月　森まゆみ

主要参考文献

地域雑誌『谷中・根津・千駄木』1～94号、谷根千工房、一九八四～二〇〇九年
『古老がつづる　下谷・浅草の明治、大正、昭和』1～6、台東区立下町風俗資料館、一九八〇年～
『文京の震災戦災体験談――私の体験談』東京都文京区教育委員会、一九八七年
近藤富枝『田端文士村』中公文庫、一九八三年
『大正震災志』上下、内務省社会局、一九二六年
『東京震災録』東京市、一九二六年
『大正大震火災誌』警視庁、一九二五年
『下谷区史附録・大正震災志』東京市下谷区、一九三七年
『本郷区史』本郷区、一九三七年
竹久夢二『夢二日記』1～4、筑摩書房、一九八七年
竹久夢二『東京災難画信』港屋、二〇一五年
夢野久作「街頭から見た新東京の裏面」『夢野久作全集2』ちくま文庫、一九九二年
宮武外骨『震災画報』ちくま学芸文庫、二〇一三年
大曲駒村『東京灰燼記――関東大震火災』中公文庫、一九八一年
『上野動物園百年史』東京都、一九八二年
現代史の会編『ドキュメント　関東大震災』草風館、一九八三年

吉村昭『彷書月刊』一九九三年九月号（特集大正12年・関東大震災）弘隆社
『関東大震災』文春文庫、二〇〇四年（元本は一九七三年）
今井清一『横浜の関東大震災』有隣堂、二〇〇七年
寺田寅彦『地震雑感／津浪と人間――寺田寅彦随筆選集』中公文庫、二〇一一年
鈴木淳『関東大震災――消防・医療・ボランティアから検証する』ちくま新書、二〇〇四年
磯貝元『駒込病院百三十年の史譚――人類の天敵「がんと感染症」への挑戦』博文館新社、二〇一一年
『松坂屋百年史』松坂屋、二〇一〇年
御厨貴編『決定版　正伝・後藤新平〈別巻〉後藤新平大全』藤原書店、二〇〇七年
越沢明『東京都市計画物語』日本経済評論社、一九九一年
姜徳相、琴秉洞編『関東大震災と朝鮮人』現代史資料6、みすず書房、一九六三年
姜徳相『新装版　関東大震災』新幹社、二〇二〇年
西崎雅夫編著『関東大震災朝鮮人虐殺の記録――東京地区別1100の証言』現代書館、二〇一六年
加藤直樹『九月、東京の路上で――1923年関東大震災ジェノサイドの残響』ころから、二〇一四年
山崎今朝弥、森長英三郎編『地震・憲兵・火事・巡査』岩波文庫、一九八二年
田澤晴子『吉野作造――人世に逆境はない』ミネルヴァ書房、二〇〇六年
角田房子『甘粕大尉　増補改訂』ちくま文庫、二〇〇五年
鎌田慧『大杉榮 自由への逃走』岩波現代文庫、二〇〇三年
田原洋『関東大震災と中国人――王希天事件を追跡する』岩波現代文庫、二〇一四年
コルネリウス・アウエハント、小松和彦他訳『鯰絵――民俗的想像力の世界』せりか書房、一九八六年

内田宗治『関東大震災と鉄道』新潮社、二〇一二年
佐藤健二『浅草公園凌雲閣十二階――失われた〈高さ〉の歴史社会学』弘文堂、二〇一六年
藤野裕子『都市と暴動の民衆史――東京・1905-1923年』有志舎、二〇一五年
中原静子『難波大助・虎ノ門事件――愛を求めたテロリスト』影書房、二〇〇二年
森まゆみ編『伊藤野枝集』岩波文庫、二〇一九年
森まゆみ『震災日録――記憶を記録する』岩波新書、二〇一三年
森まゆみ『神田を歩く――町の履歴書』毎日新聞社、二〇〇三年
北原糸子『震災復興はどう引き継がれたか――関東大震災・昭和三陸津波・東日本大震災』藤原書店、二〇二三年
『初期社会主義研究』第31号（特集関東大震災100年）初期社会主義研究会、二〇二三年
海野弘編『モダン東京案内』平凡社、一九八九年
松葉一清『帝都復興せり！――「建築の東京」を歩く』平凡社、一九八八年
平田直『首都直下地震』岩波新書、二〇一六年
内閣府「災害教訓の継承に関する専門調査会報告書　1923関東大震災【第2編】」二〇〇六年、https://www.bousai.go.jp/kyoiku/kyokun/kyoukunnokeishou/rep/1923_kanto_daishinsai_2/index.html

著者について――――
森まゆみ（もり・まゆみ）　1954年生まれ。中学生の時に大杉栄や伊藤野枝、林芙美子を知り、アナキズムに関心を持つ。大学卒業後、PR会社、出版社を経て、84年、地域雑誌『谷中・根津・千駄木』を創刊。聞き書きから、記憶を記録に替えてきた。その中から『谷中スケッチブック』『不思議の町 根津』（ちくま文庫）が生まれ、その後『鷗外の坂』（芸術選奨文部大臣新人賞）、『彰義隊遺聞』（集英社文庫）、『「青鞜」の冒険』（集英社文庫、紫式部文学賞）、『暗い時代の人々』『谷根千のイロハ』『聖子』（亜紀書房）、『子規の音』（新潮文庫）などを送り出している。近著に『路上のポルトレ』（羽鳥書店）、『しごと放浪記』（集英社インターナショナル）、『京都不案内』（世界思想社）がある。数々の震災復興建築の保存運動にもかかわった。

聞《き》き書《が》き・関東大震災《かんとうだいしんさい》

2023年9月1日　第1版第1刷発行

著者　森まゆみ

発行者　株式会社亜紀書房
〒101-0051
東京都千代田区神田神保町1-32
電話 (03)5280-0261
振替 00100-9-144037
https://www.akishobo.com

装丁・レイアウト　矢萩多聞
カバー・表紙装画／宮武外骨（『震災画報』）、
扉装画／岡本一平（『漫画・明治大正史』）
DTP　山口良二

印刷・製本　株式会社トライ　https://www.try-sky.com

Printed in Japan　ISBN978-4-7505-1809-1　C0095　